이상 소견이 있습니다

실의에 빠져 돌아보는 나의 자궁이야기

예슬

당신이 기억하는 몸의 경험이 있나요?

이상 소견이 있습니다
● ● ● 2020 ● ● ●

들어가는 글 … 10

자궁을 처음 인식한 날 … 16

생리의 소란스러움 … 22

생리와 다이어트 … 28

첫 산부인과 … 32

그 여름날의 질염 … 38

사후피임약에 대하여 … 44

웰컴 투 방광염 … 52

자궁경부암검사 … 60

이상 소견이 발견되었습니다. … 66

조직검사 … 74

검사결과 … 82

금주령, 금식령 … 90

자궁을 튼튼하게 만들어주는 근육들 … 98

골반을 튼튼하게 만드는 요가동작 … 104

다시 자궁경부암검진 시기가 되었습니다. … 110

요즘의 삶 … 116

나가는 글 … 122

이상 소견이 있습니다
● ● ● 2021 ● ● ●

자궁, 조용한 장기가 아닌 것 같은데? … 128

누구나 혹 하나쯤 달고 사는 거야 … 136

박보검도 맞은 인유두종바이러스 백신 … 144

요가강사가 아파도 되나요? … 154

HPV는 나의 연애도 위협하는 구나 … 160

정신과를 가보는 것도 나쁘지않아요 … 166

응급실을 가다 … 176

N차 조직검사 … 186

원추절제술을 결정하다 … 194

수술을 하기 전에 … 204

처음이라 두려웠던 … 212

수술결과 … 220

그리고 한달 뒤 … 226

맥주를 마시며 … 232

자궁경험담 일대기 … 239

들어가는 글

나는 요가를 하고 글을 쓰고 연극을 한다. 최근에는 서울 성수동의 작은 서점에서도 일주일에 하루씩 일한다. 지난 이월부터 테라피 해부학을 공부하기 시작했으며 그리고 지난 사월에는 자궁경부이성형증을 진단받았다.

 나는 제주도에서 태어나 울산에서 자랐다. 그리고 연극을 공부하고 싶어서 서울에 올라왔다. 올라온 지는 약 육 년 정도 되는데, 삼 년 동안은 정말 딴짓 안 하고 연극만 했다. 그러다 꼬박꼬박 입금되는 월급통장을 한 번 가져보고 싶어서 육 개월 정도 회사생활을 했다. 집과 걸어서 십 분 거리에 있는 회사의 위치도 좋았고 생각보다 내가 서비스직에 적성이 맞는다는 것도 발견했다. 휴일은 휴일처럼 쉬면서 보내고 평일에는 저녁이 있는 삶을 살았다. 심지어 아침에는 회사 바로 앞에 있는 요가센터에서 요가수업을 듣고 출근을 할 수도 있었다.

 그런 삶을 중단하게 만든 건 또 연극이었다. 비록 삼 개월 계약직에 끝난 뒤의 삶도 불투명했지만 존경하는 연출님과 함께 작업할 기회를 놓치고 싶지 않았다. 그렇게 안정적인 생활을 뒤로하고 다시 연극을 시작했다. 공연이 끝나고 일주일 뒤에 서른이 되었고 나는 갈 곳이 없었다. 고민 끝에 공연 급여로 요가지도자 자격증반을 등록했다.

요가지도자는 내 오랜 버킷리스트 중 하나였다. 계획은 결혼 후 육아를 하며 제 2의 직업으로 삼는 것이었지만 당장의 생계를 위해 조금 앞당겼다. 자격증을 따며 전문성을 취득한 나는 공식적으로 요가수업을 할 수 있게 되었다. 수업 당 약 한 시간에서 한 시간 반, 매트 위에 서서 나만의 무대를 꾸렸다. 첫 수업을 준비하는데 너무 떨린 나머지 시를 한 편 들고가서 읽었는데 그 경험이 계기가 되어 지금 내가 일하고 있는 독립서점에서 '시와 요가, 그리고 차'라는 워크숍을 열게 되었고, 일 년 째 진행하고 있다.

그리고 본격적으로 글을 썼다. 나는 어린 시절부터 언젠가는 내 이야기가 담긴 책을 꼭 한 번 만들고 싶다는 욕구가 있었다. 마침 매일 갈 곳도 당장 해야할 일도 없었다. 시간이 많이 남은 김에 책을 쓰기로 했다. 보이지 않는 미래에 내 이름으로 된 독립출판물이라도 한 권 올려둔다면 의미가 있을 것 같았다. 독립서점 워크숍을 신청했고 나는 열정을 다해 내 감정과 생각을 쏟아 부었다. 생각보다 빨리 내 이름이 들어간 책 세 권을 출간할 수 있었다. 그리고 그 책들은 나를 예상하지 못한 삶의 방식으로 데려갔다. 북페어에 나가 다양한 사람들을 만났고, 외주작업을 소개받아 취재하러 다녔고, 청년취재단의 초고를 다듬는 업무도 하고, 세상에나 내 글의 오타체크와 교정교열도 제대로 못 하는 내가 매뉴얼북 교정교열을 하기도 했다. 최근에는 울산에서 유튜브 라이브로 진행된 축제의 전체 시나리오 원고를 맡기도 했다. 또 강아지를 무서워하지만 강아지가 같이 있는 서점에서 일주일에 하루씩 일하게 되었다. 이쯤 되니 더이상 무슨 일이 일어나도 놀랍지 않다.

또 소소하게 그림을 그렸다. 나는 고등학교 시절 일 년 반 정도 미대입시를 준비했었는데, 정시에서 가나다군에 다 떨어졌다. 그리고 미대준비를 그만두고 대학 입시를 재수했다. 그

실패 경험을 바탕으로 다시 조그맣게 내 책에 들어갈 삽화부터 시작해 포스터와 엽서에 들어갈 일러스트와 작은 만화도 그렸다.

누군가 "무슨 일 하세요?"라고 물어보면 어색하게 웃으면서 한숨을 한 번 쉬고 머릿속으로 이 사람에게는 어떤 일을 먼저 말하는 것이 설명하기 쉬울까 고민한다.

어느새 요가, 글, 연극 그리고 그림이 내 생활을 이루는 요소가 되었다. 취미가 일이 되고 일이 취미가 되는 삶의 방식. 규칙적인 듯하면서 불규칙하고 불규칙한 듯 나름의 질서가 자리하는 하루가 자연스럽게 내 일상이 되었다. 그러던 나는 어느 날 예상하지 못한 문자를 한 통 받았다.

"이상 소견이 발견되었습니다. 내원하셔서 원장님과 상담 후 추가치료를 받으시기 바랍니다. 감사합니다 :D"

별생각 없이 받은 자궁경부암검사 후 병원에서 연락이 왔다. 잘 살고 있다고 생각했는데 내 몸은 아니었나 보다. 자궁경부암검사를 계기로 지난 삼십 년간 나와 함께했던 자궁의 이야기를 한 번 돌아보기로 했다. 첫 생리를 시작했던 날부터, 드문드문 나에게 존재를 알리며 내 몸에 조용히 자리한 자궁에 무슨 일이 일어난 걸까?

자궁을 처음 인식한 날

첫 생리의 기억을 더듬어 보았다. 내가 다녔던 초등학교의 모습이 먼저 떠오른다. 학교의 정문과 후문을 통과하는 길목에서 "빨리 와!"라며 소리치는 내가 보인다. 자전거 페달을 힘차게 밟으며 속해있는 무리에서 선두를 달리고 있다. 자전거 안장에서 오는 자극 때문인지 나는 첫 생리가 시작된 줄도 모르고 열심히 자전거를 타고 있다. 한참을 그렇게 놀다가 집으로 돌아간 나는 거실 화장실에서 첫 생리를 만났다.

내 나이 열다섯, 또래보다 빠른 것도 아니고 그다지 느린 것도 아닌 시기. 학교에서는 막 성교육이 진행되고 있었기에 크게 놀라지는 않았던 것 같다. 다만 생리는 엄청 특별한 건 줄 알았는데, 그냥 아무렇지 않게 시작해서 허무했다. 생리를 하는 건 아니었지만, 호기심 많았던 중학생은 종종 안방 화장실 수건장 아래 칸에 엄마의 생리대를 들여다보곤 했었다.

바지를 대충 올린 후 화장실 문밖으로 고개를 쏙 내밀어 거실의 상황을 확인한 나는 재빠르게 엉거주춤 안방 화장실로 이동했다. 바지

속 상태를 알기 전까지는 아무렇지 않게 걸을 수 있었는데 생리를 만나자마자 걷는 자세부터 바뀌었다. 때로는 모르는 게 속 편하다.

핑크색 비닐 포장지 속에서 낱개로 포장되어있는 생리대를 하나 꺼냈다. 중형인지 대형인지 소형인지 사이즈는 기억나지 않지만, 몸에 닿는 면이 새하얗고 보송보송해서 내가 입고 있던 팬티보다 깨끗하게 느껴졌다. 성교육 시간에 분명 배우긴 했지만, 내 손으로 직접 뜯어본 건 처음이라 꽤 가슴이 두근거렸다.

대충 십오 년 인생의 감에 기대서 어디선가 봤는지 안 봤는지 제대로 기억이 안나는 내용을 최대한 떠올리려 애쓰며 생리대를 착용하고 안방 화장실에서 나왔다. 기분이 썩 좋지 않았고, 갑자기 왠지 모르게 배가 아픈 느낌이었다. 그리고 엄마에게 전화를 걸었다. "엄마, 나 생리를 시작한 거 같아. 자전거를 타다가 집에 왔는데 피날 만큼 아프지는 않은데 피가 나." 그리곤 엄마의 생리대를 찾아서 착용했다고 말했다. 엄마가 뭐라고 대답했는지는 기억나지 않는다. 뭔가 여자가 된 것을 축하한다든지, 이제 어른이 되었다는 둥 오글거리는 말을 하지는 않았던 것 같다. 엄마랑 짧은 통화를 끝낸 후 거실로 나가 아빠에게 아무렇지 않은 척 "생리를 시작한 것 같아요."라고 새침하게 이야기한 후 내 방으로 들어갔다.

앞으로 나에게 무슨 일이 일어날 줄은 예상도 못 한 채 첫 생리를 시작해버렸다. 여름이면 얼마나 생리대와 땀띠와 씨름을 할 줄도 모르고, 갑자기 시작된 생리에 화장실에 갇힌 채 남자친구에게 생리대 심부름을 시킬 줄도 모르고, 생리대를 제대로 챙겨오지 않아서 몇 시간 동안 찝찝하게 하나의 생리대로 버티다가 피가 새는 경험을 하게 될 줄도 모르고 말이다.

십오 년 동안 제대로 역할을 하고 있는 줄도 모르고 살았던 장기가 드디어 활성화되었다. 자궁이라는 내장기관이. 내가 여자라는 것을 나타내는 특징이자 어른이 되었다는 것을 상징적으로 알리는 존재가 활동을 시작했다. 내 나이 열다섯, 그해 여름 생리를 시작했고 나에게 자궁이라는 신체 부위가 존재한다는 사실을 제대로 인식했다.

"안녕, 자궁아!"

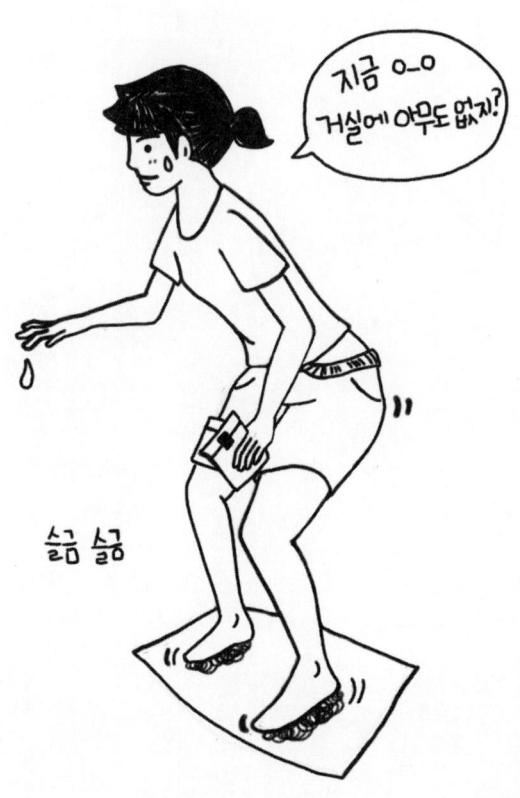

생리의 소란스러움

두통, 짜증, 복통, 무력감, 소화불량을 포함한 온갖 종류의 불쾌한 증상을 포함하는 생리전증후군이나 생리통 없이 생리를 한다는 것은 행운이다. 하지만 그럼에도 한 달에 약 사분의 일, 일주일 동안 생리대와 함께한다는 것은 제법 소란스럽다. 우선 무언가를 챙기는 부분에서 매우 꼼꼼하지 못한 나는 갑작스럽게 시작하는 생리에 당혹스러운 상황을 겪을 때가 한두 번이 아니었다.

지금까지 나와 사귀었던 남자 친구들은 사귄 기간과는 별개로 평균 한 번 이상은 화장실에 갇힌 나를 위해 자의 반 타의 반으로 생리대 심부름을 떠났다. 여자 친구에게 저렴한 생리대를 사다 주고 싶지 않은 그들의 고마운 마음 덕분에 유기농이니 좋은 성분이니 하며 막상 사용하면 차이가 드라마틱하게 느껴지지 않는 다양한 생리대를 사용해볼 수 있었다. 이 글을 빌려 지금껏 기꺼이 내게 생리대를 사준 과거의 연인들에게 감사한다.

한번은 요가수업을 앞두고 화장실을 갔다가 급작스럽게 생리를 만난 적도 있었다. 수강생이라면 급히 처치를 한 뒤 다음 수업을 들으면 되지만, 당시 나는 강사로 일 분 뒤에 매트 앞에 서야했다. 그때는 생리대를 대신 사다 줄 남자친구도 없었기에 화장실에서 급하게 휴지를 풀어 팬티에 둘둘 감았다. 일단 수업은 시작해야 하는데 당장 생리대가 없어서 응급처치를 한 것이다. 한 시간 동안 무슨 정신으로 수업했는지 기억도 안 난다. 요가복 밖으로 생리혈이 샐까 봐 매번 수업시간에 강조하는 코어의 힘을 그 순간만큼은 열심히 실천했는데, 수업 막바지에는 아랫배가 얼얼해질 만큼 힘을 줬다. 수업이 끝난 후 화장실 변기에 앉아 아무런 흔적도 묻어있지 않은 레깅스를 확인하고 그제야 긴장을 풀며 몸을 부르르 떨었다.

 이렇게 한바탕 소란을 떨면서 생리를 시작하면, 약 일주일 동안 가방 앞 뒷주머니와 파우치에 생리대를 넣어둔다. 불규칙한 생활 속에서도 생리대를 챙겨야 하는 날짜는 규칙적으로 돌아온다. 약 일주일 정도 생리기간이 끝나면 가방 속에서 생리대는 자리만 차지하는 비상용품이 되버린다. 그러다 일주일에 두세 번 꼴로 노트북에 아이패드, 요가복, 해부학 교재, 볼테라피 공까지 이것저것 챙겨야 하는 날이면 생리대는 가방 속에서 제일 먼저 정리해야 할 물건으로 손에 잡힌다. 생리대가 있던 자리에 요가복을 쑤셔 넣고 일상을 살다 보면, 어느새 시간이 후루룩 지나 또 한바탕 야단스럽게 생리를 시작한다. '아, 그때 정리하지 말 걸.' 후회하기를 몇 번이나 반복했는지 모른다. 그럼에도 또, 가방 정리를 할 때면 '지금 생리 중도 아닌 데, 그때 되면 챙기지.'하며 지금 당장 필요 없는 생리대를 주머니 밖으로 꺼낼 것이다.

생리기간에 맞춰 생리대를 챙기는 것과 더불어 그 기간에 충분한 생리대를 수급하는 것도 내가 해야 하는 번거로운 일 중 하나이다. 나는 아침에 눈을 뜨자마자 화장실에 가서 일어나서 한 번, 외출하기 전 모든 준비를 끝낸 후 한 번, 외출 시에는 화장실 가는 횟수에 따라, 그리고 집에 돌아오자마자 한 번, 마지막으로 자기 전에 한 번 생리대를 교체한다. 외출 시간에 따라 다르지만, 집에서만 하루 평균 네 개의 생리대를 사용한다. 보통 열 시에 외출해 여덟 시에 귀가한다고 생각하면 서너 시간에 한 번씩 화장실을 간다고 해도 넉넉하게 네 개의 생리대를 준비해야 하는데, 이 또한 꼼꼼함과 거리가 먼 나에게는 어지간히 신경 써야 하는 일이 아닐 수 없다. 종종 컨디션에 따라 집에 가기 전까지 남아있는 생리대가 부족할 것 같은 느낌이 들면 마음이 불안해지기 시작한다. 물론 반대로 생리대가 풍족해지면 월급을 받거나 맛있는 음식을 먹은 것처럼 마음이 평온해진다. 그렇다 보니 귀가 시간이 늦어지거나, 근거리에 생리대를 살 수 있는 곳이 없을 때는 가지고 있는 생리대 개수를 생각하며 급한대로 휴지를 둘둘 말아 생리대만큼 두께를 만들어 생리대 위에 덧대어 사용한 적도 있다.

이렇게 생리가 어수선하고 정신없다 보니, 생리를 관장하는 자궁 또한 관심을 두고 들여다보기보다는 있는 듯 없는 듯 조용하게 신경 쓰고 싶지 않은 장기가 되어버리지 않았을까 싶다. 눈부신 아침 햇살을 바라보는 눈만큼, 오르막길을 올라가는 자전거를 탈 때면 숨 가쁘게 존재를 과시하는 심장만큼, 노트북 자판 위를 움직이며 이 글을 써내는 손가락만큼 소중한 신체 기관인데 어쩌다 불편하고 부정적인 기억이 가득한 애물단지가 되었을까.

주인을 잘 못 만나 고생하는 내 자궁에 이 자리를 빌려 미안함을 전한다.

"미안하다, 자궁아."

생리와 다이어트

생리와 자궁에 대해서 다소 귀찮은 시각으로 글을 쓰다 보니, 괜히 미안한 마음이 들어서 이번엔 긍정적인 요소를 최대한 끌어내 보기로 했다. 도대체 생리의 좋은 점에는 무엇이 있단 말인가. 바로 다이어트다. 다이어트에 관심이 있는 여성이라면 한 번은 들어봤을 이름 하여 '생리주기 다이어트[1]'. 생리를 하는 여성의 한 달을 생리 전 일주일, 생리 기간 일주일, 생리가 끝난 후 이주로 나누고 식이요법과 운동법을 다르게 조절하면 무작정 다이어트를 할 때보다 효과적으로 체중감량을 할 수 있다는 이론이다.

쉽게 설명하면 우리 몸은 호르몬이 안정적으로 유지될 때 운동 효과가 크게 나타나는데, 여성은 생리 직후에 호르몬을 비롯해 전반적인 몸 상태가 안정적이므로 이때 몸을 많이 쓰면 다이어트 효과를 더 크게 볼 수 있다. 이때 최선을 다해서 몸을 움직이는 것이 좋다. 반

---

[1] 2016년 미국 임상 영양 학회지에서는 과체중, 폐경 전 여성을 대상으로 생리주기를 적용한 체중 감량 프로그램에서 생리주기를 다이어트 프로그램을 적용한 여성이 적용하지 않은 대조군보다 5kg을 더 감량했다고 한다. Am J Clin Nutr. 2016 Jul;104(1):15-20

면 생리 전 일주일은 가임기로 방어태세를 갖추게 되는데, 이때는 평소보다 적게 먹어도 살이 찔 수 있다. 따라서 움직이는 것보다 적게 먹어야 한다. 생리 기간에는 다이어트에 대한 욕구를 잠시 내려놓고 쉬는 것이 좋다. 참았던 음식과 게으름을 즐길 수 있는 치팅 위크 cheatingweek다.

밤 열한 시가 넘은 시간에 동생의 배고픔에 빌붙어 감자전을 먹다가 나의 생리주기를 돌아보니 지금은 참았던 음식과 함께 게으름을 피울 수 있는 기간이었다. 간장을 살짝 찍은 바삭한 감자전을 한 조각 더 입속에 넣고 씹으며 지금 이 순간 생리를 해서 다행이라고 생각했다. 내 몸에서 빠져나가는 자궁벽의 허물만큼 감자전을 먹어도 되는 시기. 야식을 먹고자 적극 움직이는 손과 입의 적절한 운동을 마음껏 지지해도 새 친구를 받아들여야 하는 뱃살에 전혀 미안하지 않은 시기. 나의 식욕을 당당하게 표출하면서도 살찔 걱정을 하지 않아도 되는 더할 나위 없이 행복한 시기. 그런 멋진 시간이었다, 생리는.

비록 자기 전에 생리대를 한 번 더 교체하고, 또 혹시 모르는 사태에 대비해 입고 있는 흰색 딸기무늬 파자마 바지를 갈색 스펀지 밥 파자마 바지로 바꿔 입고 침대에 누워야 하는 번거로움이 있을지라도, 자정이 가까운 시간에 아무런 죄책감 없이 젓가락질을 할 수 있는 즐거움은 매우 크다. 불균형한 호르몬과 저하된 신진대사에 기대어 약 일주일간 무리한 운동은 피하고 철분과 칼슘을 충분히 섭취해야 하는 '생리주기 다이어트'는 생리를 하는 자궁의 존재에 감사하다는 말을 하고 싶은 하나의 이유가 되었다.

자궁이 없어 생리할 일이 없는 내 남동생은 생리주기 다이어트도 할 수 없다. 살짝 나온 배를 두드리며 야식을 먹은 것을 후회하는 동생을 보면서 지금 내가 느끼는 이 안도와 다행스러움은 얼마나 고마운지. 함께 먹었지만 나는 후회할 필요가 없다. 자그마치 일 년에 열두 번 한 달에 약 일주일씩 일 년에 팔십사일 동안 나는 동생보다 더 행복하게 야식을 먹을 수 있다. 소란스러운 생리 속에도 이런 긍정적인 순간이 있다.

첫 산부인과

내 인생 첫 산부인과 방문은 대학교 이 학년 여름이었다. 콧물이 묵직하게 코끝을 채워도, 칼칼한 모래알이 목구멍에 있는 것 같아도 병원 가는 것을 별로 좋아하지 않는 내가 걷지 못할 만큼 생리통이 심각하거나 이 주째 생리를 계속하거나 석 달 째 생리를 안 하는 것도 아닌 데 산부인과라니. 하지만 나는 가야만 했다. 뜨거운 여름날 매일매일 극장에 모여 연극 연습을 하는 동료를 위해서, 기획이라는 직무에 책임을 다하기 위해서, 동아리 정기공연 자금을 지원받기 위해서, 우리 동아리의 오랜 후원자인 윤00산부인과에 가야만 했다.

하지만 왠지 모르게 썩 내키지 않았던 것이 사실이다. 그래서 후원자 목록 중 학교에서 제일 가까운 그 산부인과를 두고, 버스를 타고 이 삼 십분 이상 가야 하는 치과와 한의원을 먼저 방문 후에 맨 마지막으로 산부인과를 방문했다.

내가 느끼는 왠지 모를 불편함이 쓸데없는 생각이라는 것을 머리로는 알고 있었다.

혹시나 산부인과로 향하는 발걸음에 누군가의 괜한 시선이 놓일까 봐. 낯선 눈빛 뒤에 어떻게 상상할지 모르는 생각과 판단이 드리울까 봐. 정작 아무도 신경 쓰지 않겠지만 혼자서 주변을 의식하고 긴장했다. 다리를 덜덜 떨면서 손에 들고 있는 공연 기획서를 꼼지락 꼼지락 점점 구겨가는 나와는 달리 동행한 남자 후배는 배시시 웃으며 "선배, 이렇게 산부인과에 같이 앉아 있으니까 우리 신혼부부 같지 않아요? 아니면 사고 친 대학생 커플?"이라며 입술이 바짝 타들어가게 긴장한 나를 놀렸다. 신기한 듯 눈알을 굴리며 산부인과를 둘러보는 후배의 천진난만한 표정을 보고 있으려니 설명할 수 없는 복잡함이 머릿속에 들어왔다.

'넌 어찌 된 게 나보다 더 마음이 편하고 당당하니.'

단순히 성별 때문이라고 말할 수는 없겠지만, 나보다는 훨씬 가벼운 마음으로 산부인과 로비에 앉아있을 수 있는 남자 후배가 부러웠던 것이 사실이다. 아마 그 녀석은 그

당시 내가 동아리 공연에 대한 홍보와 설명을 제대로 하지 못해서 지원금을 못 받을까 봐 걱정하는 마음으로 긴장한 것으로 생각하고, 내 마음에 여유를 주기 위해 그런 농담을 했을 것이다. 하지만 괜찮다고 잘할 수 있을 거라 말하며 해맑은 표정을 짓는 후배의 웃는 얼굴은 아이러니한 이미지로 기억 속에 남아버렸다. 물론 당시의 나는 쿨한 척 "너랑 사고를 쳤다니 내 인생이 암담하다."라며 웃어넘겼지만 말이다.

다행이 산부인과 선생님은 앞서 치과와 한의원의 선생님들만큼이나 친절하고 따뜻하셨다. 공연을 잘 올리라는 말과 함께 젊은 우리의 여름날을 응원하는 마음을 하얀 봉투에 담아 주셨다. 덕분에 들어갈 때는 미묘했던 기분이 한결 나아졌다. 감사합니다, 선생님!

진료를 받기 위해 산부인과를 방문했던 것이 아니었지만, 산부인과 간판이 걸려있는 곳을 향해 첫 발걸음을 떼는 것은 어려웠다.

도대체 산부인과가 뭐길래.

그 여름날의 질염

여성에게 감기처럼 흔한 질병이라는 질염이 성인이 되자 나에게도 찾아왔다. 생리기간이 아닌데도 팬티 속이 뭔가 축축한 기분. 화장실을 몇 번씩 갔다 와도 배출의 시원함이 없는 그 느낌은 비가 오지 않는 여름날의 땡볕에도 혹시나 창 밖에는 나 몰래 소나기가 내리고 있는 게 아닐까 생각하게 하였다.

혼자서만 장마철을 지내는 것 같은 그 증상이 질염이라는 것은 사실은 인터넷을 통해 처음 알았다. 팬티를 적시는 분비물이 일상생활 중에도 문득 느껴졌다. 찝찝함을 참다못해 몇 가지 키워드를 검색하다 보니 정말 많은 게시물에서 내가 질염을 앓고 있다고 말해주고 있었다. 현실에서는 쉽게 만나지 못하는 수많은 동지가 네이버 지식인을 비롯해 각종 블로그와 웹 사이트에 존재했다.

'여름에는 날이 덥고 습해 곰팡이와 세균 활동이 더욱 쉽게 증식할 수 있는데다 스트레스에 약한 현대인들은 여름철 고온의 환경에서도 면역력이 쉽게 약화될 수 있어 질내 상태의 균형이 쉽게 무너져 질염에 쉽게 노출될

수 있다[2]… ….'

여성의 75%가 평생 적어도 한 번 이상 경험한다는데… …. 나랑 가장 친밀한 여성인 엄마에게서도 질염이야기를 들어본 적이 없었다. 주변에 친한 친구들과도 이 질병에 대해서 편하게 이야기를 나눈 적이 있었던가 싶다. 역류성 식도염이라든지 감기, 두통과 생리통에 대해서는 진통제도 주고받고, 속이 더부룩할 때는 소화제를 사다 주기도 했는데 질염에 대해서는 믿거나 말거나 한 민간요법 하나가 떠오르지 않을 정도로 대화가 없었다. 어쩌면 서로 누가 먼저 꺼내기 전까지는 굳이 먼저 이야기를 하기엔 민망하고 어려운 신체 부위의 이야기가 아니었을까. 차라리 생리처럼 대놓고 빨간 피가 나오거나 생리대가 필요하면 모를까. 뭔가 애매한 느낌이 질염에는 있었다.

극단생활을 하던 여름에는 연일 계속되는 밤샘 작업으로 한참 컨디션이 안 좋다가 처음

---

[2] 국민건강지식센터 건강칼럼, '여름철, 여성질환 주의보', 2020.10.01, https://terms.naver.com/entry.nhn?docId=2180524&cid=63166&categoryId=51017#

으로 하얀 치즈같이 덩어리진 냉을 만났다. 시린 느낌과 함께 묻어나온 분비물에 놀라 멍한 상태로 휴식시간 내내 화장실 칸에 앉아있었다. 간신히 휴대폰을 붙잡고 인터넷 속 의학정보를 검색하며 병원을 가야겠다고 결심했다. 바쁜 일상을 핑계 삼아 며칠 미루다 보면 자연스럽게 곧 괜찮아지지 않을까 싶었지만, 젊음을 믿고 기다리기에는 마음이 불편했다.

용기를 내 방문한 병원에서 다행히 의사선생님은 크게 걱정할 것 없다며 간단하게 질 입구를 소독해주셨다. 혹시 모르니 균검사를 한 번 해보자고 하셨다. 그리고는 푹 쉬라는 말을 덤으로 건네며 삼일 치 항생제를 처방해주셨다. 별일 아닌 듯한 의사 선생님과 간호사 선생님들의 반응에 심각한 일이 일어난 게 아닐까 걱정했던 마음이 조금 진정되었다. 정말 감기처럼 누구나 흔하게 걸릴 수 있지만 감기만큼 편하게 누군가에게 말하기는 민망한, 그 이상 그 이하도 아닌 병이었다.

병원에서 받아온 항생제를 띄엄띄엄 일주일 정도 먹었다. 양심상 술은 며칠 자제했다.

일찍 잠드는 건 여전히 어려웠지만, 늦게 일어나며 부족했을 지도 모를 잠을 채웠다. 사흘이 지나자 장마철 같은 기분에서 일시적으로 벗어났다. 치료를 받았다는, 혹은 병원을 갔다 왔다는 사실에서 오는 플라세보 효과인가.

얼마 뒤 병원에서 문자가 한 통 왔다.

'의뢰하신 검사결과 정상 나왔습니다. 6개월 ~ 1년 사이 정기검진 받으시기 바랍니다. 감사합니다:D'

정말 별일이 아닌 것처럼 여름이 지나고 가을이 왔다. 한동안 불편함이 느껴질 만큼 분비물이 나오지 않았다. 그렇게 겨울이 올 때까지 질염에 대한 관심을 잊고 살았는데.

'겨울은 유독 질염이나 냄새, 냉대하 등으로 고민하는 여성들을 쉽게 찾아볼 수 있는 계절이다. 겨울철 낮은 기온으로 인해 체온이 낮아지고 건조한 환경으로 인해 면역력이 저하되며 자궁이나 질에 문제가 생기는 경우가 늘어나는 것이다. 특히 겨울철에 자주 입게 되는 하체가 꽉 끼이는 바지, 레깅스 등은 질을 습

하게 만들고 세균감염에 노출시키는 환경을 조성해 질염 발생률을 높일 수 있다[3]… ….'

이것 참 어쩌면 좋을까. 사계절이 아름다운 나라 대한민국에 봄과 가을은 점점 짧아지고 있는데, 질염의 계절 여름과 겨울만 길어지고 있구나.

---

3 '칸디다 질염' 유발하는 겨울, 예방법은 '생활습관 개선' 2020. 01. 09. 메디컬투데이, 김준수 기자.

사후피임약에 대하여

남녀간의 성관계를 경험하는 사람이라면 각종 피임법에 대해 한 번쯤 찾아보거나 생각해봤을 것이다. 가장 쉬운 방법으로는 콘돔을 사용하는 것부터, 여성이 생리 주기에 맞춰서 피임약을 복용하거나 남성이 본인의 조절력을 믿고 질외사정을 하는 등 다양한 피임법이 있다. 나 또한 보편적으로 많이들 행하는 여러 가지 방법을 시도해봤는데, 그 중 가장 내 몸에 미안했던 사후피임약에 관한 이야기를 해보려 한다.

 성인이 되면서 자연스럽게 피임법에 관심을 두게 되었다. 분명 학창시절 성교육 시간이 있었고 그때도 뭔가를 배운 것 같기는 한데, 막상 필요한 순간이 되자 제대로 기억나는 것은 하나도 없었다. 편하게 정보를 얻을 수 있는 인터넷에서 각종 뉴스와 칼럼을 통해 피임법을 다시 익혔다. 매번 내가 제대로 하는 걸까 하는 의문이 들었지만, 공교육을 받던 시절처럼 누군가 정답을 알려주거나 그에 걸맞는 시험 점수가 있는 것은 아니니 확신할 수 없는 불안함은 애정의 동반자였다.

'대부분, 대체로, 구십오 퍼센트 이상, 거의, 보편적인'과 같은 수식어를 믿고 사랑을 나눠야 했다. 자연스럽게 매달 하는 생리는 이번 달 내가 제대로 피임을 했는지 확인하는 수단으로써의 새로운 의미가 더해졌다. 아랫배가 묵직한 생리의 기운이 찾아오면 신체 컨디션이 나빠지는 것보다 '이번 달도 무사했다.'는 정신적 안도감이 먼저 찾아왔다. 성공적인 성관계의 엔딩은 생리의 여부와 직결 된다고 생각할 정도로 피임에서 벗어날 수 없었다.

이별을 겪고도 생리 주기를 확인했다. 마지막 성관계로부터 일정 기간 안에 생리를 해야지만 제대로 이별할 수 있는 떳떳한 몸이 되는 것이다. 내 몸 하나를 오롯이 책임질 수 있는 한 달 생활비도 가까스로 버는 내가 피임마저 성공하지 못한다면 그건 너무 암담했다.

이런 불안한 마음에서 사후피임약을 먹게 되었다.

당시 남자친구와 나는 둘 다 대학생이었다. 부모님에게 집을 의지하고 각자 과외와 아르

바이트를 통해 겨우겨우 데이트 비용을 충당하는 이십 대 초반. 의도하지 않게 책임질 일을 벌이기엔 정말 건강하고, 진지하게 책임질 일을 생각하기엔 너무 어렸다. 그런 우리가 안전하게 서로를 지키기 위해 사용할 수 있는 유일무이한 수단은 바로 콘돔이었다. 저렴한 가격으로 최선의 수비를 해내는 도구. 커피 한 잔 가격이면 충분했다.

하지만, 꼬박꼬박 콘돔을 사용한다고 해서 백 퍼센트 완벽한 피임이 되지는 않는다. 시작과 끝에 콘돔이 찢어지지 않고 안전하게 있어도 수치상 약 십 퍼센트 정도는 실패할 확률이 있다. 그런데 만약 사용하던 콘돔이 벗겨지거나 찢어진다면 어떻게 될까? 상상하는 것만으로도 한숨부터 나오는 그 상황이 우리에게도 펼쳐졌다. 서로를 향한 애정을 기반으로 시작한 사랑의 마무리가 한숨과 불안과 초조함과 뜬눈으로 지새우는 밤이라니.

한편으로는 '무슨 일이 있겠어? 에이, 임신이라는 게 그렇게 쉽게 될 리 없지.' 생각하면서도 다른 한편으로는 '만약 내가 임신을 한다면 당장 동아리 공연은 어떡하지? 어제 마신 술은 괜찮을까? 엄마랑 아빠는 일단 현관 비밀번호를 바꾸실 거고, 그럼 제주도 비행기를 끊어서 당분간 할머니 집에 가 있어야겠다. 오빠는 낳자고 할까?' 하는 오만가지 상상이 끊어질 기미가 보이지 않았다.

다음 날 오후, 남자친구가 먼저 조심스럽게 사후피임약에 대해서 이야기했다. 우선, 미안하다고. 같이 해놓고 정작 책임은 네가 지는 것 같다고. 몸에 부작용이 있을 수 있다고는 하는데, 너무 불안하다고. 아직은 그런 일이 생기면 책임질 수가 없을 것 같다고. 전화기 너머로 철썩이는 초조한 목소리에 내 마음에도 불안함이 파도쳐왔다. 사후피임약은 최대 72시간 안에는 먹어야 하고, 48시간 이내에 먹는 것이 가장 효과가 좋다고 했다. 우리에겐 고민할 시간이 없었다. 일 분이라도 72시간에 가까워지기 전에 결정해야 했다.

나는 애써 괜찮은 목소리로 병원을 다녀오겠다고 말했다. 그리고 동아리 공연 지원금을 받기 위해 들른 적이 있는 산부인과로 향했다.

그때보다는 조금 더 진지하고 무거운 발걸음을 내딛으며 의사선생님과 조우했다.

"부작용이 많이 심할까요?"

축 가라앉은 내 목소리에 의사선생님은 사람에 따라 다르다고, 이것도 '약'이라서 부작용이 정말 심각할 정도면 약이 될 수 없다는 말을 처방전과 함께 건네셨다.

사후피임약을 먹고 난 후, 두통과 어지러움, 설사를 겪었다. 심리적으로 많이 긴장했는지 혹은 약의 부작용인지 구분할 수는 없었지만 나는 아팠다. 내 몸에 미안했다. 그리고 얼마 뒤 제대로 생리가 시작되는 것을 확인하고 나서야 한숨과 불안과 초조함과 뜬눈으로 지새우는 밤에서 벗어날 수 있었다.

나는 그 이후로 다시는 사후피임약을 먹지 않았다. 몸으로 체감하는 부작용도 있었지만, 다시 생리할 때까지 내가 느껴야 했던 불안전한 감정들을 다시 마주하고 싶지 않았기 때문이다. 사랑하는 사람을 한순간에 시험대에 올리는 과정이 썩 편하지 않았다. 물론 사후피임약은 인생이 바뀔만한 실수를 막아주는 긍정적인 요소도 있다. 하지만 나는 혹시나 임신하더라도 행동에 책임을 다하자는 생각으로 이후의 성관계를 갖기로 했다. 그리고 그런 상황을 대비해서 미리미리 많은 준비와 공부를 하자고 마음먹었다.

웰컴 투 방광염

나는 언제 처음으로 세상에 '방광염'이 존재한다는 것을 인식했을까? 방광염이란 정말 간단하게 정의하면 '방광의 염증'이다. 우리 신체 부위 곳곳에는 언제든지 염증이 생길 수 있다. 나만 해도 매해 여름이면 모기 덕분에 피딱지가 생길 만큼 팔다리를 긁는다. 오랫동안 운동화를 신고 있으면 땀이 차서 발바닥이 가려울 때도 있다. 하지만 그 부위가 방광이라니… …. 꼬꼬마 시절 동네친구들이 바지 앞춤을 긁적이는 것과는 다르게, 어느 날 방광염은 조금 더 진지한 병으로 내 삶에 소리 소문 없이 들어왔다.

대학 졸업을 앞두고 극심한 취업 스트레스에 시달린 친구가 잠도 제대로 못 이룰 만큼 몸을 찌르는 듯한 고통과 함께 회음부가 시린 통증을 호소했다. 원인을 알 수 없는 증세에 다음날 병원을 갔더니 방광염이라고 진단받았다. 이후 친구는 스트레스를 받을 때마다 비슷한 증상을 겪었고, 어느 순간부터 만성적으로 그 질환을 느끼게 되었다. 나에게 절친한 친구이기도 하고, 그전까지는 생각해보지 못했던 부위의 염증이라 나는 방광염에 꽤 호기심이 생겼다. 인터넷에 원인과 치료법을 찾아보기도 하고, 증상 완화에 좋다는 크랜베리 주스와 말린 크랜베리를 친구에게 선물하기도 했다.

당시 나는 몸살 한 번 제대로 걸려본 적이 없는 이십 대 초반의 건강한 여성이고, 면역력이 약해졌다거나 당이 떨어진다는 느낌도 제대로 느껴본 적이 없었다. 공연 연습을 하다가 밤샘 작업에 돌입하면 몸에 무리를 느끼기보다는 야밤의 낭만을 느끼며 즐거워하곤 했다. 그래서 그저 나와 같이 평범한 이십 대 여성이라고 생각했던 친구가 앓게 된 낯선 질병이 궁금해졌다.

그리고 딱 팔 년 뒤, 나는 친구가 나에게 설명했던 증세가 얼마나 고통스럽고 괴로운지 알게 되었다. 배뇨 시 함께하는 찌릿찌릿한 통증과 화장실을 갔다 와도 시원하게 비워내지 못한 느낌. 침대에 가만히 누워있어도 방광은 시린 감각을 표출하며 존재를 과시했다. 한술 더 떠서 바지를 입고 있어도 겨울철 치마를 입은 것처럼 찬바람이 숭숭 들어오는 느낌은 수면 바지를 입고 이불 속에 들어가도 멈출 줄

몰랐다.

웰컴 투 방광염. 병원에 가서 의사선생님의 진단을 받지 않아도 내 몸이 스스로 말하고 있었다. 그렇게 호기심을 갖고 찾아보던 그 증세를 결국 보이게 되었다고. 젊음만 믿고 살던 나에게 이제 복수를 시작하겠다고. 역시나 다음 날 병원을 가니 의사선생님은 방광염 증세가 보인다고 요즘 스트레스를 많이 받고 있느냐고 물어보셨다.

"아니요. 그냥 별일 없이 살고 있었는데요."

'그런데 사실 일찍 자고 일찍 일어나거나 술을 멀리하거나 규칙적으로 생활하지는 않습니다. 그저 제가 편한 대로 닥치는 대로 일을 좀 하다가 몰아치듯 잠을 자기도 하고 식사를 규칙적으로 챙겨 먹기보다는 먹고 싶을 때 몰아서 먹는 간헐적 단식을 의도치 않게 종종 합니다. 매일 그러는 건 아니고 이번 주는 조금 바빴어요. 어쩔 수 없죠. 저도 먹고 살아야 하는데, 마감기한이 빠듯했어요. 그리고 보니 오늘도 아직 밥을 안 먹은 거 같기는 하네요. 시간이… …. 아, 지금 세 신가요? 집에 가는 길에 뭐라도 먹고 들어가야겠네요. 음, 술은, 어젠 마감이 끝나서 맥주를 마시긴 했는데, 별로 많이 안 마셨어요! 많이 먹으면 더 아플 것 같아서. 아, 생각해보니 일주일 내내 술을 마신 것 같기는 하네요. 아니, 친구 없이 집에만 박혀 있는 것보단 사람도 만나고 하는 게 스트레스 해소엔 더 좋지 않나요? 이번 주엔 약속이 좀 많았거든요. 뭐 굳이 나가지 않더라도 집에서 동생이랑 맥주 한두 캔쯤은 가볍게 마실 수 있잖아요?'

"물을 많이 드시고요. 스트레스받지 마시고 잠도 많이 주무세요. 항생제 처방할 테니 꼬박꼬박 드시고요. 제대로 챙겨 먹지 않으면 쉽게 재발합니다."

삼 일치 항생제를 받고 집으로 돌아왔다. 꼬박꼬박 먹으려고 노력하긴 했지만, 처방받은 항생제는 속을 더부룩하게 만드는 부작용이 있었다. 속이 약간 메슥거리는 느낌도 덤으로 찾아왔다. 방광염은 금방 진정되는 것 같았지만, 대신 소화되는 속도가 급격하게 느려져서 하루에 정량의 한 끼만 먹어도 생활할 수 있는 효율적인 육체가 되었다고 느껴졌다.

그 이후로 종종 새벽까지 작업하거나, 잠이 부족하거나, 오랫동안 공복으로 있으면 방광염의 익숙한 그림자가 나를 찾아왔다. 얼른 작업을 중단하거나, 잠을 자거나, 밥을 먹지 않으면 다시 한 번 고통스러운 시간을 선물하겠다고 하는 듯했다. 무서운 방광염의 세계였다. 쉽게 재발하는 병인 만큼 내 생활을 제대로 관리하지 못할 때마다 다시 미세하게 증상이 올라왔다. 잊을만하면 찾아오는 끈질긴 방광염 세상.

이후 두세 번 더 방광염 증세로 병원을 방문했다. 그때마다 선생님은 지난번 약을 '꼬박꼬박 제대로' 먹었는지 확인하셨다. 증세가 나아지는 것 같다고 약봉지를 멀리하면 머지않아 '다시', '또', '재발'할 것이라고. 하지만 그 약은 '꼬박꼬박 제대로' 먹기에는 결심이 많이 필요한 약이었다. 그래서 나는 방광염이 재발하지 않도록 회음부에서 기분 좋지 않은 느낌이 올라오면 급한 원고를 마감하다가도 노트북을 닫고 침대로 향했다.

행복하게 웃고 있는 과거의 나는 미래의 내가 이렇게 고통스러운 울상을 지으며 지난 기억을 더듬을 거라 생각지 못했을 것이다. 아, 이번 주도 며칠 외주작업을 하느라 잠을 못 자고, 마감에 시달렸다. 벌써 찌릿한 신호가 느껴진다. 얼른 글을 마무리하고 자야겠다.

'찌리릿!'

자궁경부암검사

우리나라는 건강검진 복지가 좋은 편이다. 건강과 의료보험에 관심이 없어도 될 만큼 튼튼했던 어린 시절에는 몰랐지만, 스스로 몸을 책임져야 하는 나이가 되자 각종 제도와 보험이 내 몸을 지켜주고 있다는 걸 알게 되었다. 고향 울산을 떠나 서울 생활을 시작할 때부터 자궁경부암 국가검진의 연령이 이십 대로 하향 확대되면서 나는 이 년에 한 번씩 자궁경부암 국가 건강검진 안내서를 받았다.

90년 생인 나는 짝수 연도에 무료로 자궁경부암 검사를 받을 수 있는데, 그 용지를 처음 받았던 스물일곱에는 '에이 뭐 별일 있겠어? 귀찮은데 아플 때 받지 뭐.' 라고 생각하며 종이를 아무 데다 뒀다가 잃어버렸고, 두 번째로 받았던 스물아홉에는 '아, 이제 이런 건 좀 챙겨야겠다. 근데 지금 당장 가기는 귀찮은데, 일 년 동안 받을 수 있으니까 뭐 시간 날 때 가자.'라고 생각하다가 겨우겨우 해가 바뀌기 전 십이월 중순쯤에 서둘러 동네 병원을 찾아 검사를 받았다. 다행히 결과는 정상이었다.

그리고 서른하나, 세 번째 무료검사 안내지

우편물이 도착했다. 이제는 나이 앞자리가 바뀌어서 건강을 생각하는 마음이 조금 더 커지기도 했고, 요가강사 생활을 시작하면서 해부학을 공부하고 있던 터라 몸 구석구석에 관심이 더 많아졌다. 그 와중에 드문드문 친구의 친구 이야기라며 이십 대 후반과 삼십 대 초반 내 나이 또래 여성들의 자궁질환 소식이 심심찮게 들려왔다.

나도 혹시나 하는 불안함에서 벗어나고 싶은 마음에 이번에는 연초부터 자궁경부암 검사를 받으러 갔다. 정말 별 생각 없이. 평소에 무심하다 못해 방치에 가까울 정도로 무관심했던 자궁에 미안한 마음으로 병원을 예약했다. 방광염이나 질염 증상이 생길 때면 종종 들러서 이젠 낯설지 않은 산부인과 로비에 앉아 공짜로 주는 사탕까지 쪽쪽 빨아 먹으며 여유 있게 기다렸다. 국가에서 지원하는 자궁경부암 무료검사는 자궁경부세포검사다. 제대로 마음먹은 김에 병원에서 추천하는 대로 자궁경부확대경촬영도 하기로 했다.

매번 앉을 때마다 뭔가 민망하고 신경 쓰이

는 일명, 굴욕 의자(산부인과 진찰의자)에도 대수롭지 않게 앉았다. 엉덩이를 내리라는 간호사 선생님의 멘트가 나오기도 전에 의자 굴곡에 딱 들어맞게 착석하고 의사 선생님을 기다렸다. "힘 빼세요." 질 입구로 들어오는 질경[4]의 자극에도 요가로 다져진 호흡을 가다듬으며 검사에 임했다.

'하나, 둘, 셋'

"끝났습니다."

마음 속으로 숫자를 세며 세 번쯤 들숨과 날숨을 반복하니 검사가 끝났다. 이어서 자궁경부확대경검사를 진행했다. 이것도 아주 빠르게 스윽.

검사를 진행하는 동안 별일 있겠느냐는 마음과 혹시라도 별일이 있으면 어떡하지 하는 불안함이 공존했다. 내가 걱정한다고 해서 이미 지나간 검사의 결과가 달라지는 것은 아니지만, 뒤따라오는 긴장감은 어쩔 수 없었.

---

4 질에 삽입하여 질강이나 자궁경등을 검사하는 기구

"저…… 괜찮죠?"

편하게 편하게 마음을 먹었다고 생각했는데, 검사가 끝나자마자 내 입에서 기다렸다는 듯이 나온 말은 괜찮음을 확신하려는 욕구였다. 자궁경부 표면에서 면봉이나 브러쉬로 세포를 채취해 검사하는 자궁경부 세포검사는 검사에 일주일 정도 소요되기 때문에 당장 결과를 알 수 없지만, 자궁경부를 확대경으로 직접 관찰하는 자궁경부확대경검사는 맨눈으로 즉각적인 판단이 가능하다.

"우리 자궁 경부는 동그랗고 볼록한 모양을 하고 있어요, 마치 사과처럼. 건강한 자궁은 빨갛게 잘 익은 사과처럼 동그랗고 불그스름한 혈색이 느껴져요. 약간의 염증이 미세하게 보이는 것 같기는 했는데 육안으로 판단될 정도는 아니었어요. 정확한 검사결과가 나와봐야겠지만, 괜찮을 것 같네요."

마지막에 괜찮다는 말을 듣고서야 마음이 살짝 놓였다. 일주일 뒤에 나온다는 검사결과가 당장 매우 정말 궁금하긴 했지만, 병원 문을 열고 나오자마자 무슨 일이 있었느냐는 듯 아무렇지 않아졌다. 그렇게 일주일 동안 여전히 드문드문 친구와 술도 마시고, 빠듯한 마감이 있는 외주 작업도 하고, 꼬박꼬박 요가 수업도 하면서 일상을 열심히 살았다.

이상 소견이 발견되었습니다.

오후 두 시, 친구와 함께 서울을 벗어나 근교로 떠나기로 해서 내 머릿속에는 놀러 갈 준비뿐이었다. 짐을 챙기면서 설레는 마음으로 분주히 옷을 입고 화장을 했다. 무거운 가방을 비워내고 다시 필요한 것만 쏙쏙 골라 미니 백에 넣었다.

"띠링"

나는 평소 휴대폰을 거의 무음모드로 사용하기 때문에 들어오는 문자를 제 타이밍에 읽는 경우가 없었다. 하지만 그날 따라 뭐 때문인지 무음모드가 해제되어 있었다.

"의뢰하신 암 검진 결과 이상 소견이 발견되었습니다. 내원하셔서 원장님과 상담 후 추가치료를 받으시기 바랍니다. 감사합니다 :D"

'이상 소견??? 생리통도 없이 건강한 내가 왜? 게다가 저 뒤에 이모티콘은 뭐야? 왜 웃고 있어? 놀려?' 문자를 어떻게 읽어야 할지 난감했다. 이상 소견이 발견되었다는 내용을 진지하게 받아들여야 할까. 아니면 뒤에 덧붙은 이

모티콘 ':D'을 보면서 일단 한 번 입꼬리라도 올려볼까. 침착하게 하던 일을 멈추고 통화 버튼을 눌렀다.

"저기⋯ ⋯ 저는 지난주에 자궁경부암 검사를 받았던 박예슬인데요. 검사결과가 뭐 잘못 됐나요? 저⋯ ⋯ 암이에요?"

"저희도 유선상으로는 정확하게 안내하기 어려워요. 내원해주시겠어요?"

나는 전화를 끊자마자 약속을 미루고 병원으로 향했다. 일 분 전까지만 해도 놀러 갈 생각에 온몸의 근육이 신이 나 있었는데 한 순간에 호흡이 축 가라앉았다. 나의 비보를 들은 몸속 감각신경이 무척이나 긴장상태에 돌입하는 것을 보며, 이렇게 몸속 신경들이 활발하게 활동하는데 무슨 이상 소견이 발견되었을까 의구심도 있었다.

일주일 전 검사를 받기 위해 방문했을 때와는 다르게 병원 로비에 흐르는 공기가 차갑게 느껴졌다. 긴장을 풀 겸 정수기 옆에 비치되어 있는 무료 사탕을 입안에 넣어볼까 했지만, 억지로 단 것을 먹는다고 해도 결코 달게 느껴질 것 같지 않았다.

"선생님…… 저, 심각한가요?"

"지난주에 자궁경부를 봤을 때는 크게 이상 없어 보였는데 세포검사에서 양성반응이 나왔네요. 인유두종바이러스검사[5]를 해봐야 할 것 같네요. 그렇지만 너무 걱정하지 않아도 돼요."

덤덤하게 걱정하지 말라는 선생님의 말씀은 문자그대로 들리지 않았다. 지난주에도 분명 자궁경부확대경을 통해 봤을 때는 내 자궁경부가 거의 불그스름한 사과와 비슷한 것처럼 말씀하셨는데, 이상세포가 발견되었다. 나는 '당신의 말을 완벽하게 믿을 수 없다.'는 눈빛을 보내면서도 관련 지식이 전무했으므로 알겠다는 대답 말고는 달리할 수 있는 말이 없었다.

---

5 인유두종바이러스는 동물의 피부나 피하를 통해 감염되는 바이러스로 일부의 경우 인간에게 유두종을 유발한다. 몇몇 바이러스는 자궁경부암, 고환암의 원인이 되며 이와 같은 유형은 고위험군으로 분류된다.

또 일주일을 기다려야 했다. 첫 번째 자궁경부암검사를 했던 당일에는 병원을 나오자마자 무슨 일이 있었느냐는 듯 아무렇지 않게 일상으로 돌아갈 수 있었지만, 이상세포가 발견된 이상 내 일상은 결코 평범하던 때로 돌아갈 수 없었다.

'아 어쩐지…… 사주에서 아들 하나, 딸 하나 낳을 수 있을 거라고 하긴 했지만, 임신이 잘되지 않을 거라고도 했었는데.'

정말 별생각이 다 떠오른다. 잡생각을 걷어내기 위해 휴대폰을 꺼내 카톡을 켰다. 최근 가장 활발하게 소통 중인 절친한 동료들에게 칭얼대기로 했다.

여러분

저 아픈거 같아여

흑

응?

자궁경부암 검사를 받았는데

어떻게???
헤에??
암??????

이상세포가 발견됐데여
아직 암인지는 모르겠지만

헉……

일단 호들갑을 떨고 봐야겠어요

제대로 된 문장보다는 물음표투성이인 답장들이 가득한 대화가 계속됐다. 자궁경부암 진단을 받은 것도 아니었지만, 내 손가락은 바빴다. 한 카톡방이 끝나면 또 다른 카톡방, 여러방을 오가며 달라진 내 일상을 전했다. 누군가는 아직 아무 일도 일어나지 않았는데 뭘 그렇게 야단법석이냐 할 수 있겠지만, 당시의 나는 그렇게 호들갑이라도 떨어야 견딜 수가 있었다. 무슨 일이 일어나기 전에 미리 내 몸과 마음이 최악의 시나리오에 적응할 수 있도록 시간을 줘야 했다. 지칠 만큼 털어내고 나면 비어있는 공간으로 해결책이라도 들어올 테니 말이다.

조직검사

"고위험군에 속하는 59번, 52번 바이러스가 검출돼서 조직검사를 하는 것이 좋을 것 같아요. 하지만 너무 걱정할 필요는 없어요. 건강한 이삼십대 여성은 자연스럽게 상피세포가 떨어져 나가는 방식으로 자연치유가 될 수도 있어요."

선생님께서 보여주신 인유두종바이러스 결과 보고서에는 빨간색으로 고위험군, 초록색으로 잠재고위험군, 파란색으로 저위험군이 표시되어 있었다. 그리고 결과란에 'High risk HPV : 52, 59'가 쓰여 있었다. 색깔이 세 가지나 있는데 어쩜 저렇게 편식을 좋아해서 빨간색에만 다 모여있다니. 결과지를 보는 마음이 착잡해졌다.

게다가 52번 바이러스는 자궁경부암 예방주사 백신 중 가다실9가[6]에서 예방할 수 있는 바이러스다. 대학 시절 총여학생회에서 추진했던 자궁경부암 주사를 아프다는 동기의 말

---

6 사람 유두종 바이러스 6,11,16,18에 추가로 31, 33, 45, 52, 58에 대한 백신, 재조합 사람 유두종 바이러스 9가 백신이라고도 한다.

에 맞지 않았던 것이 떠올랐다. 지난봄에는 시중보다 저렴하게 자궁경부암 주사를 맞을 수 있는 곳을 찾았는데 같이 맞자는 친구의 제안을 귀찮아서 맞지 않았던 것도 떠올랐다.

인유두종바이러스에는 물리적으로 약을 처방하거나 따로 치료법이 없다고 하셨다. 자연치유밖에 방법이 없고, 혹시나 바이러스가 여러 번 재감염돼서 조직을 파괴하면 도려내는 방법이 있고, 그러다가 심각해지면 암으로 진행되는 과정을 거친다고 하셨다. 암이라는 것이 자고 일어나면 발전하는 건 아니니까 앞으로 조금 더 지켜보자고.

"조직검사는 어떻게 하나요?"

"자궁경부에 초산을 뿌려서 표피를 조금 뗄 거예요."

"네??? 생살을 땐다고요? 마취는 하나요?"

"마취를 따로 하지는 않아요."

잘 모르지만 초산은 왠지 매우 따갑거나 자극적일 것 같았고, 거기에 생살을 뜯어낸다고 생각하니 고통을 기억하는 근육이 매우 크게 활성화되는 느낌이었다. 고위험군 바이러스에 조직 검사까지 닥치자 정말 나에게 무슨 일이 생긴 것 같았다.

게다가 검색을 통해 알게 되었는데 인유두종바이러스는 성관계를 통해서 전염된다고 알려졌어서 마치 내가 나쁜 행동이나 안 좋은 일을 겪은 듯한 느낌이 막연하게 들었다. 사실 성 경험이 전혀 없는 여성에서의 감염도 보고된 만큼 성관계 이외의 경로에서 감염이 확인되었다고 해서 무조건적인 원인으로 성관계를 생각하면 안 되겠지만, 기분이 썩 좋지는 않았다. 스스로 부끄럽고 떳떳하지 못한 느낌에 나를 가둘 수 밖에 없었다.

머리속으로 첫 성 경험부터 지금까지 나와 잠자리를 함께했던 사람들이 생각나면서 역학조사를 하듯 그들에게 인유두종바이러스검사를 하라고 말하고 싶은 심정이었다. 하지만 남성의 성기는 밖으로 돌출되어 있어서 감염이 있어도 각질이 떨어지듯이 자연 소멸하는 경우가 많다고 한다. 그래서 더더욱 자궁경부암예방접종은 남자분들도 꼭 맞아야 하는데, 정작 이름이 '자궁'경부암예방접종이라 자궁이 없는 남자들은 맞아야 한다는 생각이 안 들 것 같았다. 그럴 거면 그냥 '인유두종바이러스 예방접종'이나 '인유두종바이러스 백신'이라고 이름을 지으면 되지 왜 '자궁경부암예방접종'이라고 불러서 서로서로 꺼리게 하는지 모르겠다.

하루라도 빨리 다음 검사를 진행하고 싶었지만, 하필이면 인유듀종바이러스검사 결과가 나온 당일이 생리 둘째 날이었다. 조직검사를 할 수 없는 자궁의 상태 덕분에 애타는 마음만 가지고 돌아갈 수밖에 없었다. 생리가 끝나는 일주일 뒤로 조직검사 일정을 예약하고 병원을 나섰다.

조직검사를 기다리는 일주일간 나는 정말 매우 쫄았다. 이미 조직검사를 받은 경험이 있는 한 친구는 "그렇게 아프지는 않지만, 썩 기분이 좋지는 않아."라고 후기를 전해주었다.

잠시 멍때리다 나도 모르게 생긴 빈틈으로 조직검사에 대한 생각이 훅 들어오면 부르르 몸이 떨리곤 했다.

투병생활을 시작한다는 이유 아래, 드문드문 마시던 술을 일주일 동안 먹지 않았다. 웬만하면 늦게 자려고 하지 않았다. 혹시 잠이 부족한 거 같으면 더 자려고 애썼다. 건강 요거트 가게를 찾아가기도 했다. 술 약속을 잡으려던 후배는 커피나 차를 마시자고 말했다. 달라진 내 일상을 옆에서 지켜보던 동생은 힘내라고 꽃 한 송이를 사다 주었다.

일주일 동안 청승을 충분히 떨었더니, 정작 조직검사 당일에는 평온함을 유지할 수 있었다. 생각보다 몸으로 느껴지는 아픔은 없었다. 다만, 검사 후 약 일주일이 넘도록 빨간색, 자주색, 버건디색, 벽돌색, 갈색을 띠는 부정출혈이 나왔다. 피가 빠져나가는 느낌을 따라 평소에는 없던 생리통과 두통이 뒤따라왔다. 무의식적인 스트레스가 몸속 어딘가에 깊게 똬리를 튼 것 같았다. 그렇게 며칠이나 몇을 생각을 안 하는 피를 만나니 정말 내가 자궁경부암에 걸린 것 같은 느낌이었다.

  소식을 들은 엄마는 당신의 자궁이 튼튼하니까 너무 신경을 쓰지는 말라고 하셨다. 자궁은 유전적인 영향을 많이 받는데, 당신을 닮아서 너도 생리통이 없지 않느냐고. 건강한 자궁을 물려 주었으니 큰 걱정은 하지 말라고. 어느 순간 나는 엄마처럼 고사리와 곶감을 좋아하게 되었고, 엄마처럼 뭘 좀 잘못 먹었다 싶으면 예민한 장트러블에 시달렸다. 그걸 보면 왠지 엄마의 말을 믿어도 되지 않을까 하는 생각이 들기는 했다. 하지만 그래도 무서운 건 여전했다.

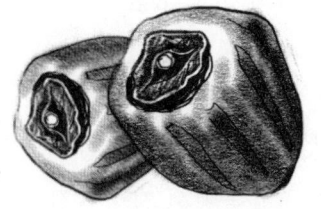

검사결과

"자궁경부이성형증 CIN1기[7]"

조직검사에서 나온 내 병명이다. 상피세포에서 이상세포 병변이 시작되었다고 한다. 자궁경부암 단계는 '정상 - CIN1 - CIN2 - CIN3 - 암1기 - 암2기 - 암3기'로 나뉜다. 정상으로 돌아갈 확률이 칠십 퍼센트에 육박할 정도로 높고 CIN2기로 넘어가는 데는 오랜 시간이 걸린다고 한다. 하지만 CIN2기로 넘어가는 순간 다음 단계들은 시간 문제라고. 전체 진행상황을 기준으로 한다면 비교적 정상에 가까운 상태에 있지만, 내 몸이 '정상' 범위를 벗어난다는 것만으로도 다가오는 느낌은 매우 달랐다. 마치 내가 숨쉬고, 마시고, 먹고, 입고, 자고, 행동하는 모든 것에 문제가 있다고 말하는 것 같았다.

"건강한 자궁은 빨갛게 잘 익은 사과처럼 동그랗고 불그스름한 혈색이 느껴져요."

선생님의 설명에도 내 머릿속에는 한 소절

---

[7] CIN 자궁경부 상피내 종양 (cervical intraepithelial neoplasia) 자궁경부 상피에 국한하여 암세포로 변화되고 있는 중간 단계의 이형세포들이 존재하는 경우.

의 노랫말만 맴돌았다.

'사과 같은 내 얼굴 예쁘기만 하여라…'
'사과 같은 내 자궁 예쁘기만 하여라…'
'사과 같은 내 자궁 건강하기만 하여라…'

선생님께서는 지금 단계에서는 별도의 수술을 하지 않아도 되며, 우선 스트레스를 다스리고 면역력을 챙기라고 말씀하셨다. 건강한 이십 대 여성은 각질이 떨어지듯 이상세포 병변이 일어난 표피세포가 자연적으로 떨어져 나갈 수 있다고. 내 몸을 믿어보자고. 아직 나는 젊고, 우리 몸은 안정적인 상태를 능동적으로 유지하면서 스스로 회복하는 성질도 가지고 있으니 삼 개월 뒤에 다시 검사해서 자궁을 살펴보자고 하셨다.

앞서 세포검사에서 양성반응이 나타나고 인유두종바이러스가 두 개 검출됐다는 결과를 들었을 때, 상상한 적도 없는 갑작스러운 소식에 긴장한 몸을 푸느라 에너지를 다 소진해서 그런지, 최종적으로 조직검사 결과를 듣고 '자궁경부이성형증'이라는 병명을 진단받자 더는 휩쓸릴 마음도 없었다. 당장 눈에 보이는 치료는 없었고 이제 병원에서 할 수 있는 것, 알 수 있는 것도 없었다. 앞으로는 나 스스로 면역력을 높이는 삶을 살기 위해 노력하는 것, 그뿐이었다.

하지만 나는 이제까지 내 삶의 패턴에 매우 익숙해져 있었다. 당장 내가 무엇 때문에 스트레스를 받는지 면역력이 어떻게 얼마나 떨어졌는지 자각하기 어려웠다. 지금 내 자궁은 내가 인식하지 못하는 불안전한 심리적·신체적 상태가 있다고 신호를 보냈는데, 장작 나는 원인을 명확하게 떠올리기가 쉽지 않았다.

'나 잘 지내고 있는 거 아니었나?'

타인에 눈에는 내가 쉴 새 없이 바쁘게 보일지라도 정작 나는 (가끔 새벽까지 눈 떠있기는 했지만) 남들이 출근하는 평일 오전에 늦잠도 자고, (맥주를 비롯한 내 취향의 음식들만 골라서 먹기는 했지만) 음식도 충분히 잘 챙겨먹고, (개인 수련보다는 수업 중에 운동을 더 많이 하기는 했지만) 요가강사라는 직업에 걸맞게 꽤 많이 움직이는 편이었다. 먹고 자고 운동하는 것을 나름대로 잘하고 있다고 생각했는데, 겉만 튼튼하고 속이 텅텅 비어있었나 보다. 결과적으로 나는 일상을 재정비할 필요성이 있었다. 당장 내가 알지 못하는 내 마음을 깊숙하게 들여다봐야 했다.

재검사하기 전까지 남은 시간은 약 백 일. 곰이 사람이 되는 기간 동안 내 자궁을 다시 불그스름한 사과로 돌려놓을 수 있어야 했다. 그래야만 추상적인 내 인생계획에 그나마 명확하게 존재하는 결혼도 출산도 양육도 구체적으로 꿈꿀 수 있다.

검사결과가 나온 날, 또 한바탕 주변 지인들과 연락을 했다. 내가 먼저 호들갑을 떨며 투병생활을 알렸던 몇 주 전과 달리 이번에는 지인들이 먼저 내 생일에 축하 메시지를 보내는 것처럼 안부를 물어왔다. 감사했다. 정상 범위에서 살짝 벗어난 자궁을 보살펴야 하는 다소 슬픈 일상 속에 주변의 관심과 걱정이 있어 힘이 되었다. 바쁜 와중에도 시간을 들여서 내 자궁에 위로의 말을 건네는 사람들 덕분에 책임감을 가지고 자궁을 더 돌봐야겠다는 생각이 들었다.

여성 질환은 성관계를 통해 감염되는 확률이 높다는 사회적인 편견 때문에 지인들에게 쉽게 토로하기 어렵다. 사실 여부를 떠나서 판단 받고, 오해할까 불안해서 심리적으로 위축되기 쉽다. 나 또한 그런 시선에서 벗어나는 것이 어려워 오히려 더 주변 사람들과 소란스럽게 이야기를 나누곤 했다. 실제 몇몇 사람들에게서는 어떻게 몸 관리(?)를 했는지, 혹은 "여러 사람하고 잠자리를 가지지는 않았잖아?, 피임 제대로 안 했어? 야, 이제 빨리 결혼해야겠네." 등등의 이야기를 듣기도 했다. 그럴 때면 "그러게 말이다. 내가 욕구에 충실하며 살다가 이런 일을 겪는 거면 억울하진 않을텐데, 그렇지?" 이렇게 받아쳤다. 더불어 몇몇 남성 지인들에게는 현재의 여자 친구와 미래의 아내를 생각하는 마음으로, 자궁경부암백신을 꼭 맞으라고 덧붙였다.

병원에서 오는 문자만큼 꼬박꼬박 귀찮게 연락하며 나의 검사 일정을 챙기고, 결과도 알려 달라며 안부를 물어봐 준 사람들에게 고마움을 전한다.

금주령, 금식령

오랜 기간 자취 생활을 하는 사람들은 크게 두 가지로 나뉜다. 오랜 자취 생활을 통해 요리왕으로 거듭나거나, 방치에 가까운 자취 생활 때문에 환자가 되거나. 안락한 부모님 집을 떠나 상경한 지 육 년 차 안타깝게도 나는 후자가 되었다. 생각해보면 어린 시절부터 맞벌이하셨던 부모님 밑에서 분명 요리왕이 될 기회는 많았다. 하지만 난 요리에 썩 재능이 없었다. 대신 내 식습관을 믿었다.

나는 육류를 좋아하지 않는 편이었고, 단 것을 별로 좋아하지 않아서 달달한 디저트나 시럽과 휘핑크림이 들어간 카페메뉴도 거의 시키지 않는다. 맵고 짠 음식은 먹고 나면 갈증이 생겨서 화장실을 들락날락해야 했기에 자주 먹지 않았다. 이렇게 살펴보면 꽤 괜찮은 식습관을 가진 것 같은데, 여기에는 어마어마한 허점이 있었다.

육류를 좋아하지 않는 대신 어류가 들어간 참치마요와 게살딱지장 삼각김밥을 즐겨 먹었으며, 달달한 디저트와 시럽과 휘핑크림이 들어간 카페메뉴 대신 아메리카노와 맥주를 매일 마셨다. 갈증이 생겨서 화장실을 들락날락 해야 하는 맵고 짠 음식 대신해, 조금이나마 매운 맛이 덜한 순한 맛(내가 가장 좋아하는 진라면 컵라면은 매운 맛과 순한 맛 두 종류가 있다.) 컵라면을 일주일에 세 번 이상 먹었다.

다시 말해 밖에서 외식하지 않는 날이면, 집에서 편의점 간편식이나 인스턴트 음식을 먹었다. 때로는 밖에서 거한 식비를 들여서 먹는 외식보다 삼각김밥에 컵라면이 맛있다고 느낄 정도로 편의점 음식에 입맛이 길들여졌다. 그리고 거의 매일 맥주를 한 캔 이상 마셨다. 맥주를 먹기 힘든 날이면 탄산수로 대체할 정도로 그 시원한 목 넘김을 좋아했다. 인정한다. 그다지 괜찮지 않은 식습관이다. 어마어마한 허점을 가진.

나아지기 위해서 이 괜찮지 않은 식습관을 재정비하는 금주와 금식이 필요했다.

사실 나는 이별과 같은 극한의 스트레스 상황에 부닥치지 않는 이상 먹고 마시는 것을 제한해본 적이 없다. 그마저도 의지를 갖고 스스로 제한한 것이 아니라, 심리적 요인으로 인해서 제한당한 것에 가깝다. 그리고 안 좋아하는 음식이 많다 보니 반대로 좋아하는 음식에 대한 욕구가 꽤 강한 편이다. 편식하지 않는 듯 보이나 가만히 들여다보면 편식증이 있는 사람이 나였다.

하지만 지금은 무리해서라도 제한을 해야 한다. 나의 자궁을 위해. 우선 맥주를 비롯한 여러 알코올 섭취를 당분간은 없애야 했다. 그리고 컵라면과 삼각김밥을 비롯한 편의점 간편식이랑 안녕을 고했다. 나에겐 일반식과 같은 메뉴들이라, 금주와 금식을 시작한 초반에는 자연스레 살이 빠져 내 투병 소식을 알고 있는 몇몇은 내가 병에 전투적으로 당하고 있는 것이 아닌가 오해와 걱정을 했다. 코로나로 다들 집에만 있어서 전 국민의 체중이 증가하여 평균 4.9kg가 찐 가운데[8], 너는 왜 더 빠진 것 같으냐고. 하지만 우리 몸은 환경 변화에 꽤 적응을 잘한다. 나는 컵라면과 김밥이 사라진 자리에 직접 만든 샌드위치와 우유로 대체

---

8 "2명 중 1명은 코로나 확'찐'자.. 평균 4.9kg 증가", <파이낸셜 뉴스>, 2020.09.18, https://www.fnnews.com/news/202009181342158367

하여 빠진 몸무게를 돌려놓았다.

조직검사 이후 다시 추적검사가 진행될 때까지 삼개월 동안 나는 오랜만에 연극작업에 참여했다. 공연 준비는 밤샘 작업과 각종 간편식 등으로 면역력을 현저하게 떨어뜨리는 환경을 선사하기 때문에 이 중요한 기간에 연극일을 할지 고민했지만, 요가와 글쓰기에 묻혀 잠시 빛바랜 내 첫 번째 직업에 다시 햇볕을 내리쬐주고 싶었다.

걱정했던 마음과 달리 다행스럽게도 코로나 19 때문에 공연팀의 회식자리가 급격하게 줄어들면서 술자리가 거의 사라졌다. "오늘은 술을 마시고 싶지 않아요."라고 말하면 싸해지는 분위기를 피하고자 "저, 원래 술 잘 못해서요.(그래, 이건 거짓말이다.)", "약을 먹고 있어서 당분간은 금주 중이에요.(이마저도 알코올성분이 상처를 소독한다며 먹으라고 말하는 사람들이 있다.)"라고 말하며 거절을 잘 못 하는 나로서는 술자리 자체가 사라진 것이 금주령을 지킬 엄청난 기회였다. 그리고 집에서 마시는 술은 동생들이 빼앗았다.

독일에서 교환교수 생활을 하신 연출 님은 그곳에서 김밥과 컵라면을 대체할 어마어마한 식습관을 찾아서 돌아오셨다. 바로 아주 간편하게 만드는 샌드위치다. 직접 크루아상과 치즈, 각종 채소가 들어있는 샐러드, 살라미, 토마토, 발사믹 소스, 랜치 소스를 사오셔서 샌드위치와 카프레제를 만드셨다. 연습실에서 심지어 공연장 로비에서도 연출 님과 함께 샌드위치를 여러 차례 만들었다. 나의 금식령을 모르고 계셨지만, 연출 님 표 샌드위치는 인스턴트 금식령을 지킬 엄청난 기회였다. 그러는 동안 집에 있는 컵라면은 동생들이 다 먹었다.

덕분에 한동안 금주령과 금식령을 비교적 잘 지켜낼 수 있었다. 여러 도움으로 금주령은 약 한 달, 금식령은 약 한 달 반 가까이 실천했다. 당시 나는 공연팀에 객원멤버로 들어가 함께 공연을 준비하는 팀원들에게 속사정을 이야기하는 것이 꺼려졌다. 아직 친하지도 않은데 깊은 이야기를 나누는 것이 껄끄럽게 느껴졌기 때문이다. 하지만 의도하지 않게 내 금주령과 금식령을 지킬 수 있도록 코로나 지침을 잘 따라준 단원들과 건강한 대체식을 마련해 주신 연출님께 감사를 전한다. 더불어 이 자리를 빌려 제일 마음이 헛헛하고 어려운 시기에 매일매일 함께 작업했던 동료들에게도 고마움을 전한다.

자궁을 튼튼하게
만들어주는 근육들

여기서는 성찰하는 마음으로 내가 직접 배우고 인식하고 느끼고 실천하고 다시 나눴던 골반을 튼튼하게 만드는 근육에 대해 써볼까 한다. 나는 요가강사다. 물론 요가를 가르치는 것 말고도 여러가지 일을 하지만, 가장 명확하게 나의 생계를 규칙적으로 유지시켜주는 일은 요가라고 말할 수 있다. 이 좋은 직업 덕분에 나는 내 평생 배울 것이라 생각지도 못했던 '해부학'을 공부한다. 자궁경부암검사를 받기 두어 달 전부터 (내가 자궁경부이성형증을 진단받으리라는 것은 전혀 모른 채) 좋은 선생님께 테라피 해부학을 배우기 시작했다. 덕분에 자궁경부암 진단을 받고 나서 다행스럽게 내 마음을 헤아려주는 선생님의 이야기를 들으며, 단단하게 골반 근육을 다잡을 수 있었다.

겉으로 보이는 피부와 달리 근육은 엑스레이를 찍지 않는 이상 내가 직접 살펴볼 수도 없다. 그래서 두루뭉술하게 머리 속에 있던 신체 구조와 근육을 명확하게 알아가는 것은 유익했다. 자궁경부이성형증을 진단받은 지금 자궁을 감싸고 있는 골반기저근과 골반에 안정감을 주는데 큰 역할을 하는 장요근, 내전근을 내가 인식하고 느껴간다는 것은 정말 큰 행운이다. 동시에 누군가의 건강을 책임지는 요가강사로서 정작 내 건강을 못 챙기고 있는 현실이 웃기면서도 슬펐다.

건강한 삶의 조건을 떠올리면 음식과 운동을 빼놓을 수 없듯이 금주령, 금식령과 더불어 골반을 튼튼하게 만드는 운동을 하는 것도 필요했다. 내 호흡은 저 멀리 보내고 수강생의 호흡에 맞춰 움직였던 수업에 지쳐 수련하기를 게을리했던 나 또한 금주, 금식 기간만큼은 나를 위한 수련을 하기위해 노력했다. 일주일에 적어도 하루 이상! 매트 밖으로 향했던 시선을 안으로 돌려 몸을 돌아보는 시간을 가졌다. 유연함을 무기삼아 제대로 힘을 쓰고 있지 않은 허리와 비틀어진 골반을 만나 반성하고 또 반성했다.

골반을 튼튼하게 하기 위해서는 세 근육을 단련해야 한다. 우선, 제일 쉽게 인식할 수 있는 '내전근'은 발음 때문에 내가 종종 '내정근'이라고도 말하고 쓰는데, 쉽게 설명하면 허벅지 안쪽 근육이다. 나처럼 하체가 튼튼한(?)

여성들은 가만히 앉아서 다리를 덜덜 떨면 덜렁덜렁 움직이는 허벅지 안쪽 살을 느낄 수 있는데, 그 안쪽으로 뼈와 가까운 곳에 자리 잡은 근육이다. 내전근은 치골과 엉덩이뼈에서 시작해 무릎 위 허벅지 안쪽에서 끝난다. 내전근은 약 다섯 개의 근육들로 이루어져 있는데 그렇게 깊게 파고들면 전문서적이 되어야 하니 더 알고 싶으면 웹 검색을 권유한다. 아무튼 내전근은 다리가 휘거나 무릎이 안으로 모이는 것을 예방해주는 근육으로 튼튼한 골반에 꼭 필요하다.

다음은 '장요근'이다. 장요근은 아래 허리와 골반 언저리에서 시작해 허벅지 안쪽이 시작되는 지점에서 끝나는 근육인데, 장골근과 대요근이라는 두 개의 근육으로 이루어져 있다. 장요근은 우리가 다리를 접어 올릴 때 많이 사용하는 근육이다. 오랫동안 앉아있으면 장요근이 접힌 채 펼쳐지는 법을 잊어버리고, 계속 서 있으면 제발 좀 접어 달라고 허리로 통증을 보낸다. 그래서 허리가 아플 때는 골반 앞부분을 늘려주는 자세를 취하면 신기하게도 허리 통증이 많이 잦아든다.

마지막으로 '골반기저근'은 몸통에 있는 장기들이 하체로 내려가지 않도록 받쳐주는 근육이다. 축구공을 반으로 자른 것 같은 반구 형태에 방광도 있고 대장과 소장, 그리고 여성들에게 매우 중요한(하지만 이 글을 쓰기 전까지는 말로만 중요하다 외쳤던) '자궁'도 있다. 골반기저근은 우리가 코어근육[8]이라고 말하는 근육 덩어리의 밑바닥을 담당한다. 숨을 쉴 때나 바른 자세를 취할 때 호흡과 함께 아래로 내려갔다 위로 올라왔다, 하면서 몸의 중심을 단단하게 잡아준다.

이렇게 대표적으로 세 가지 근육이 골반을 튼튼하게 만드는 데 도움이 된다. 나는 종종 일상에서 이 근육들이 내 몸속 어디쯤에 있는지 느끼고, 어떻게 작용하는지 살펴보았다. 제발 잘 좀 활동해 달라며, 내 자궁을 건강하게 만들어서 병변이 일어난 표피세포를 잘 떨궈달라고 부탁했다. 지금까지는 어디에 어떻게 있는지 몰라서 제대로 근육이 힘쓰고 있지 않

---

[8] 코어가 복부인 줄로만 알았던 사람들이 많을 거라고 생각한다. 코어근육은 위로는 횡격막 옆으로는 복횡근과 다열근 아래로는 골반기저근으로 구성된다.

은 순간도 그냥 지나칠 수 있었지만, 이제는 딱 알고 있으니 제대로 활동해주지 않으면 다양한 움직임을 물리적으로 가해서 가만두지 않겠다는 협박과 함께 말이다.

골반을 튼튼하게 만들어주는
요가 동작

1. 내전근 풀어주기

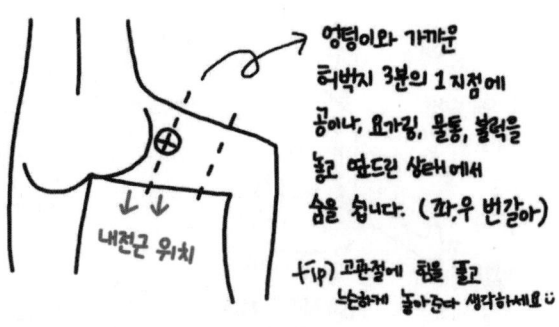

엉덩이와 가까운 허벅지 3분의 1 지점에 공이나 요가링, 물통, 블럭을 놓고 엎드린 상태에서 숨을 쉽니다. (좌,우 번갈아)

+tip) 고관절에 힘을 풀고 느슨하게 놓아준다 생각하세요 ☺

2. 한 다리 벌린 소고양이 자세

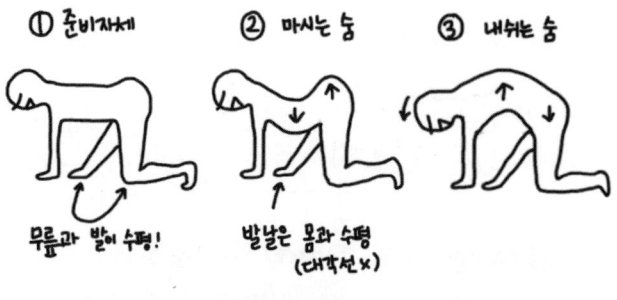

① 준비자세 — 무릎과 발이 수평!

② 마시는 숨 — 발날은 몸과 수평 (대각선X)
★ 허벅지 안쪽과 엉덩이 바깥쪽 자극을 느껴봅니다!

③ 내쉬는 숨
★ 엉덩이와 허벅지를 느슨하게 놓아줍니다~

3. 한 다리 벌린 현자세

4. 도마뱀자세

① 테이블 자세에서

② 한다리를 앞으로 당겨옵니다

 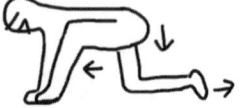

③ 엉덩이를 내리고, 뒷다리는 뒤로 한발 보냅니다.
가능하면 팔꿈치도 내려봅니다.

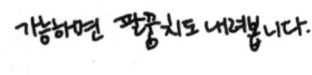

장요근이 늘어납니다.

5. 전사 자세

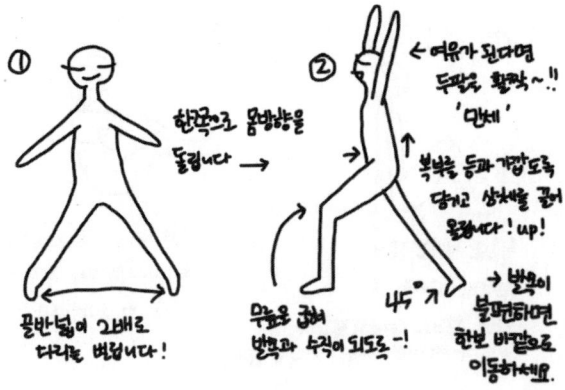

6. 화분 자세

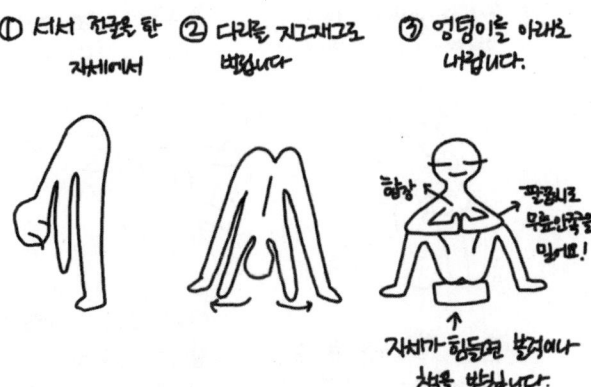

7. 보트 자세

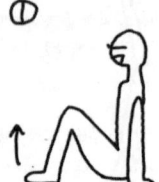
 장요근 강화 ☆

① 무릎을 세우고 앉아서 천천히 다리를 들고 팔은 앞으로 나란히 합니다. (여유가 안되면 해피지 뒤쪽으로 고아요.)

② 턱은 당기고 뒤쪽은 눕힙니다. 복부-허벅지에 힘을 주고 몸을 보트처럼 만드세요!

8. 행복한 아기 자세

① 바닥에 누워서 무릎을 가슴과 가깝게 당겨요.

② 무릎으로 원을 그리듯 위아래로 돌려 줍니다.

무릎은 한손 한손으로 잡고 다리를 활짝 벌려요!

여유가 되면 발바닥을 잡고 돌려주세요. 고관절이 부드러워집니다.

9. 바늘꿰기 자세

① 무릎을 세우고 반대다리 발바닥을 무릎위로 올려 4자 모양을 만듭니다.

② 4 모양으로 한손한손 집어넣고 허벅지 뒤쪽이나 정강이 앞을 잡아 꼭 안아봅니다.

← 엉덩이에 힘을 주면 더 자극이 느껴져요!

10. 한다리 벌린 영웅 자세

① 한다리는 앞으로 쭉 펴시고 다른다리를 접어 엉덩이 옆에 둡니다. (엉덩이 아래X)

② 천천히 뒤로 눕습니다. 등 아래 베개를 받쳐도 좋아요~

다시 자궁경부암검진 시기가
되었습니다.

"자궁경부암검진 시기가 되었습니다. 편한 시간 때에 내원하여 검진 받으시기 바랍니다. 좋은 하루 되세요 :D"

약 삼 개월 후, 알람시계처럼 병원에서 추적검사를 알리는 문자가 왔다. 언제 시간이 이렇게 지나갔나 싶을 정도로 달라진 일상에 나는 잘 적응하고 있었다. 간간이 안부를 물어보는 친구들에게 삼십 대가 되니 외로울 틈이 없다고, 자궁경부이성형증이라는 인생의 동반자가 나타났다며 농담을 하는 여유도 생겼다.

또한, 내 자궁이 마음을 한 번 휩쓸고 가면서 진지하게 육체적 혼기를 고민하기 시작했다. 최근 평균 결혼연령이 많이 늦춰 졌지만, 나는 서른이 되면서부터 스스로 결혼적령기에 딱 들어섰다고 생각했다. 지금 당장 결혼할 수 있는 것은 아니지만, 그래도 인생에서 결혼과 출산, 양육을 꼭 경험하고 싶었던 만큼 자궁의 건강은 필수였다. 혹시나 결혼했는데 내 자궁이 건강하지 못해서 '리틀 예슬이'를 만날 기회와 가능성이 낮아지면 어쩌나 걱정스러웠다.

아울러 꼭 결혼과 출산을 원인과 결과로 가져가야 하는지, 결혼하지 않아도 출산과 양육을 하면서 지내는 건 어떨까 상상해보게 되었다. 이 생각을 들으면 엄마가 등짝 한 대를 때릴지도 모르지만, 나는 꽤 진지했다. 물론 매우 교과서적으로 육체적인 혼기를 건강하게 관리해서 결혼이 늦어지더라도 출산과 양육에 별 무리가 없도록 더 안녕한 상태로 잘 살자고 결론지었지만 말이다. 하지만 다양한 삶의 형태에 대해 조금 더 생각하는 계기가 되었다. 미래에 내가 남편, 아내, 자식으로 이뤄진 가족을 구성하지 않더라도 행복을 놓치지 않길 바란다.

이런저런 고민을 하며 다시 오랜만에 병원으로 향했다. 눈 깜짝할 사이에 지나간 시간 속에서 사 개월 전 첫 검사를 할 때부터, 인유두종바이러스검사, 조직검사, 그리고 병을 진단받던 날까지 약 다섯 차례 오고 갔던 길을 걸으며 내 자궁은 지금 정상과 자궁이성형증 사이 어디쯤 더 가깝게 줄다리기를 하고 있을까 생각했다.

정기검진은 자궁경부세포검사부터 시작된다. 검사를 해보고 이상 소견이 있으면 다시 차근차근 사 개월전 밟았던 단계를 반복한다. 그리고 다시 삼 개월 뒤 추적검사를 받는다. 정상 결과가 나오면 추적 검사가 육 개월, 일 년 단위로 미뤄진다.

잘 지내느냐는 선생님의 안부 인사에 웃으며 노력했다고 대답했다. 불안한 마음과 함께 내심 괜찮지 않을까 하는 일말의 기대도 있었다. 그동안 식이요법도 하고 운동도 하며 자궁이랑 고군분투를 하기는 했으니까 조금은 희망을 품어도 되지 않을까?

검사를 마치고 나를 기다리고 있는 생활 속으로 다시 들어갔다. 수업 준비도 하고, 책도 읽고, 공모전도 준비하고, 친구들도 만나고, 한강에서 유람선도 탔다. 그러다 문득 추적 검사를 받은 사실이 생각나면 이상 병변은 내 자궁 세포를 잘 떠나갔을까 잠시 궁금해하다 다른 할 일에 몰두했다. 며칠 뒤 이런 연락이 왔다.

"자궁경부암검진 결과 정상 나왔습니다. 6개월 후 자궁경부암 정기 검진을 받으시기 바랍니다. 감사합니다 :D"

삼 개월 주기였던 정기검진이 육 개월로 늘어났다.

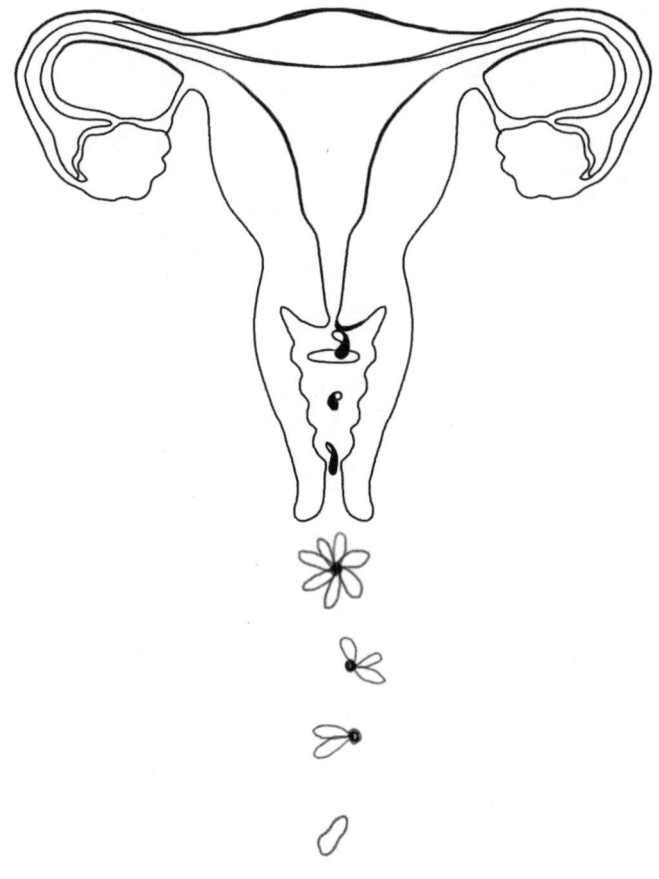

요즘의 삶

요즘 내 일상은 스멀스멀 1차 자궁경부암검사를 하기 전으로 돌아간 듯한 느낌도 든다. 튀기지 않고 말렸다는 건면 컵라면을 조금 자주 먹기 시작했고, 근 한 달간은 겹치기로 잡은 외주작업에 여러 마감을 쳐내느라 며칠이나 아침이 가까워진 새벽에 잠을 잤는지 모른다. 또 부모님 댁이 있는 울산으로 출장을 갔을 때는 눈꺼풀에 뭐가 들어간 줄 알고 한참 면봉으로 이물질을 떼고 있었는데 알고 보니 딱딱하게 굳은 다래끼가 잡힌 것이었다. 어찌나 당황스러웠는지 그날 밤 아버지 몰래 냉장고 속에 있는 피로회복과 간 기능 개선에 좋다는 아버지의 우루사를 한 알 먹었다.

여전히 나는 즉석식품을 먹고 맥주를 마신다. 무리한 스케줄인 걸 알지만 먹고 살기 위해 다양한 외주작업을 하느라 불규칙한 수면시간을 가진다. 일주일에 다섯 시간 이상 요가 수업을 하지만, 개인수련은 한주 내내 못한 적도 있다. 그럼에도 조금 달라진 부분이 있다면 전보다 조금 더 세심하게 내 몸이 말하는 신호를 들여다보는 습관이 생겼다.

흐트러진 자세로 있다가도 턱을 당기면서 뒷목을 늘리고 귀와 어깨가 멀어지도록 어깨를 끌어내리면서 날개뼈를 조이고, 복부에 힘을 주면서 복부를 등과 가깝게 당겨 복부와 고관절 사이에 골반이 숨 쉴 공간을 만드는 바른 자세를 틈틈이 취한다. 그리고 자연스럽게 생겨난 관심사를 따라 몸에 관한 책도 읽게 되었다. 확실히 자궁을 예전보다 더 성의있게 관심을 두고 살펴보았다. 그것만으로도 내 자궁은 조금 달라진 것이 분명했다.

또 조금 용감해졌다. 꾸준히 몸을 들여다보고 국가에서 우편물이 오는 대로 정기검진을 받는다면 당장 이상세포가 발견되었다고 해서 쫄 필요가 없었다. 우리 몸은 충분히 기다려주고, 최대한 스스로 치유해보려고 노력한다. 생각보다 무섭지 않다. 제대로 알지 못해서 자궁경부암검사를 받고 이상세포가 발견되었다는 말에 투병생활이니 병자니 환자니 하며 한동안 나 자신을 얼마나 괴롭혔나 싶다. 앞으로는 신선처럼 무던하고 덤덤하게 내 자궁을 들여다봐야지.

짐작하건대 내가 모르고 있는 동안 내 자궁은 인유두종바이러스에 여러 번 감염되고 이상세포 병변이 표피에서 떨어지길 몇 번이나 계속했을지도 모른다. 이번에 운이 좋게 검사에서 이상세포가 걸린 것이고, 연초가 아니라 여름에 검사했다면 정상 결과를 받았을지도 모른다. 아마 그랬다면 난 자궁을 돌아볼 생각도 못 했을 것이고, 여전히 자궁을 세심하게 바라보지 못했을 것이다.

이번 일을 겪으면서 알게 된 건, 내가 서른이 되도록 자궁건강에 정말 무지했다는 사실이다. 제대로 잘 몰라서 이상세포가 발견되었다는 말에 세상이 무너진 것 마냥 슬펐다. 하지만 그렇게 심각하게 생각하지 않아도 되는 것이었다. 마치 바이오리듬처럼 자궁의 컨디션을 살피고 조금 더 건강하게 생활하려고 노력하면 좋아진다. 그저 자궁이 잠시 나를 좀 살펴봐 달라고 말하는 신호로 받아들이면 된다.

자궁은 조용한 장기인 만큼 다양한 시그널을 보낸다. 한 달에 한 번 겪는 생리부터 매일매일의 팬티 상태, 복부와 골반의 컨디션이 자궁의 상태를 담당한다. 이 모든 것을 조금 더 열린 마음으로 꾸준히 들여다본다면 더 건강하고 튼튼한 자궁을 만날 수 있지 않을까.

나가는 글

생리, 질염, 방광염을 비롯한 여성 질환과 피임, 사후피임약과 같은 성관계 관련 단어들은 감기와 두통, 소화제와 설사약처럼 일반적으로 아무렇지 않게 생각하거나 받아들여지지 않는다. 조금은 민감하고 불편한 주제라는 인식이 따라 들어온다.

나만 해도 타인에게 괜한 오해의 시선을 받고 싶지 않아 서울과 울산을 오가는 기차 안에서 이 글을 쓰는 동안 혹여나 옆에서 볼까봐 까만 글자를 회색조로 바꿔서 작성했다. 그만큼 나는 지난 삼십 년간 나와 함께했던 자궁을 돌아보는데도 많은 용기가 필요했다. 나에게 존재를 알렸던 첫 생리부터 자궁경부암검사까지, 그저 내가 경험한 몸의 이야기를 쓰는 것인데도 아무렇지 않을 수가 없었다.

여전히 자궁은 나에겐 어려운 주제다. 가장 가까운 엄마조차도 내 글에 드문드문 쓰여있는 생리이야기에 대해서 "예슬아, 다 좋은데 네 글 속에서 생리 이야기[9]는 좀 빼는 것이 어

---

9 서른에 머리박치기 하는 자세 〈서른이 되기 전에 와서 다행이다〉, 감동의 순간들 〈눈물이 그렁그렁 엄마의 완경파티〉

떻겠니?"하고 말하곤 했다. 하지만 이번 기회에 엄마에게 잠시 비밀로 하더라도-그 비밀이 얼마나 갈지는 모르겠지만-꼭 한 번 써보고 싶었다. 그렇게라도 자궁을 바라보는 예민한 인식이 조금이나마 아무렇지 않아졌으면 좋겠다. 심장이나 위장이나 발가락을 보는 것처럼.

개정증보판

이상 소견이 있습니다 2021

예슬

자궁, 조용한 장기가
아닌 것 같은데?

두 번째 자궁경부암 추적검사 시기가 슬슬 돌아오고 있었다. 달력으로 지나가는 날짜도 날짜지만 내 몸이 이제 슬슬 병원을 한 번 더 갈 때가 되었다고 말했다. 지난 주말부터 안 좋았던 몸 상태가 며칠을 자고 일어나도 나아지지 않았다. 유치원 때 앓았던 홍역을 빼놓고는 병원에 입원할 만큼 아팠던 적이 없었기에 갑자기 찾아온 통증이 너무 낯설었다. 마침 생리 기간을 지내고 있었기에, 내가 겪고 있는 이 통증이 정체가 생리통일지도 모른다는 생각이 들었다.

여태껏 내 몸이 기억하는 생리 기간은 전반적으로 배란기 이후 이 주간 몸에 머물던 자궁벽이 허물어지면서 나오는 생리혈 덕분에 개운하고 가벼웠다. 하지만 이번에는 달랐다. 뭔가 뻐근하고 묵직했다. 생리를 시작한 지 셋째 날 점심으로 먹은 우동을 기점으로 컨디션이 급격하게 나빠졌다. 미간이 핑도는 느낌이 들었고, 마치 알콜이 몸에 들어오는 것처럼 선명하게 몸에서 피가 쫘악- 빠져나가는 감각이 들어왔다. 곧바로 약국에 들러 증상을 말한 뒤 철분제를 사 먹었는데, 먹어도 전후 느낌이 크게 달라지지 않았다.

살면서 생리통을 크게 경험한 적은 없지만, 감각적으로 이번 생리는 왼쪽 난소에서 나온 난자가 시체가 된 게 아닐까 싶었다. 오매불망 기다리던 정자를 만나지 못한 왼쪽 난자의 자살을 왼쪽 골반과 고관절이 너무 격하게 애도하는 통에 애꿎은 나만 괴로움을 겪는 상태 말이다. 게다가 눈은 또 왜 그렇게 시린지. 노트북이든 아이패드든 휴대폰이든 화면만 보면 바람 부는 벌판에 눈알만 눈꺼풀도 없이 알몸으로 서 있는 것 같았다. 좀처럼 친해질 수 없는 불편한 증상을 따라 기분도 감정도 좋지 않았다.

지난해 〈이상 소견이 있습니다〉를 독립출판물로 만들면서 산부인과와 조금 친해진 덕분에 생리가 끝나야 제대로 검사를 진행할 수 있다는 것을 알고 있었기에, 생리가 끝나길 조용히 기다렸다. 점점 끝을 향해가는 생리와 달리 내 몸은 점점 가만히 누워있어도 다리가 저릴 만큼 이상했다. 뭔가 정상에서 멀어진 느낌. 마음이 싱숭생숭해졌고, 겨울의 잔향을 남기고 따뜻한 계절의 시작을 알리는 봄바람이 유독 춥게 느껴졌다. 그렇게 의심과 걱정으로 며칠을 더 보내다가 생리가 끝난 걸 확인하고 병원에 갔다.

책 한 권을 만든 게 무슨 자신감을 주었을까? 무겁게만 느껴지던 산부인과 유리문을 스윽 밀고 들어섰다. 그 어느 때보다도 편하게 코디네이터 선생님과 증상에 대한 1차 상담을 나눴다. 산부인과와 친해지는 동안 실비보험도 공부해 둔 덕분에 병원비 걱정 없이 선생님께서 추천해주신 검사 패키지 A 세트 'HPV 바이러스 검사/자궁 확대경 촬영/자궁 세포진 검사/자궁 초음파'를 서슴없이 선택했다. 불과 일 년 전만 해도 실비보험을 제대로 파악하지 못해 검사비가 비싸게만 느껴졌고, 실비를 청구하는 과정을 어렵고 귀찮게만 여기던 나였다. 하지만 모든 경험은 다 배울 것이 있다는 말처럼 산부인과 상담 데스크에서부터 크나큰

발전이 있었다.

낯설기만 했던 검사 절차도 조금 익숙해졌는지, HPV 바이러스 검사, 자궁 확대경 촬영, 자궁 세포진 검사 이 세가지 검사는 순식간에 끝난 기분이었다. 자궁 초음파만 빼면 나머지 검사는 지난번 자궁경부암 검사에서 자궁 이성형증 진단과 정상소견을 받을 때 두어 번씩 경험했었다. 역시 경험은 두려움을 없애주는 최고의 백신이다. 대신 오 년 만에 진행하는 자궁 초음파 검사를 시작하자, 양옆으로 벌리고 있는 다리 안쪽 근육에 나도 모르게 힘이 들어갔다.

"긴장 푸세요."

"네... (선생님, 저 긴장 하나도 안 했는데, 그냥 저절로 힘이 들어가는 거예요)"

"생리통 심하세요?"

"아니요. 지금까지 생리통은 거의 없었고, 있다고 하더라도 진통제 먹을 정도는 아니었어요"

"혹이 있네요?"

"네???"

자궁에 혹이 생겼다고 한다. 크기는 2cm. 사실 자궁 크기는 길이 7.5cm에 폭이 5cm밖에 안 되는데 거기서 2cm라 하니 나는 매우 큰 게 아닐까 싶었다. 내 통증은 거의 왼쪽이었는데 마침 혹도 왼쪽 부근에 있었다. 와우. 말로만 듣던 자궁근종이 나에게도 생기다니. 언제부터 함께했는지 모르지만, 어느 순간부터 나는 근종이라는 생명도 키우고 있었구나. 자궁경부암에 자궁근종까지 정말 이런 곳에서 두 마리 토끼를 잡을 줄이야. 선생님께서는 근종의 사이즈가 작아서 지금은 제거할 것도 없고 지금 할 수 있는 건 그저 지켜보는 것밖에 없다고 하셨다. 자궁근종이 한 달에 나흘 정도 생리통을 유발할 수 있지만, 당장 일상에서 크게 느껴질 만한 불편함이 있지는 않았다. 어쩌면 자궁이형성증을 진단받았을 때도 내 몸에 근종이 있었을지 모른다. 하지만 초음파 검사,

세포진 검사, HPV검사는 다 타겟이 다른 검사라서 근종까지 챙기지는 못했다는 생각이 들었다. 휴, 이 섬세하고 복잡한 장기 같으니라고. 자궁을 보필할 준비는 턱없이 부족한데 난 벌써 서른이 넘었구나.

자궁의 혹이 통증의 근원지라고 속 시원하게 결론지을 수는 없지만, 그래도 내가 아프다고 느꼈을 만한 원인을 찾은 것 같아 마음의 파동이 한결 가라앉았다. 나머지 검사는 일주일 이상 기다려야 결과가 나오기에 당장 알 수 있는 건 초음파뿐이었다. 초음파에서 자궁근종이 있다는 말에 순간적으로 튀어나오는 리액션 주파수가 높아지기는 했다. 하지만 이미 글을 쓰면서 자궁질환 정보도 많이 찾아보고 주변에 자궁근종이 있는 분들의 이야기도 많이 들었던 터라 크게 놀랍지는 않았다. 어쩌면 지난봄에도 있었는데 당시에는 초음파 검사를 안 했으니 내가 몰랐던 것일 수도 있다. 그저 딱 '올 것이 왔구나'하는 그런 마음이었다. 한편으로는 미세하게나마 정답(!)을 맞춘 느낌, 스스로 몸 상태를 인식하는 감각이 생긴 것 같다는 긍정적인 생각도 들었다.

더불어 진료를 보신 선생님께 〈이상 소견이 있습니다〉를 선물해 드렸다. 선생님께서 첫 진료 때 자궁경부를 빨간 사과에 비유하셨는데, 그 말에 영감을 받아 표지에 사과를 가득 그려 넣었다고 말씀드렸다. 선생님께서는 어쩜 그런 걸 다 기억하냐면서 아담과 이브의 이야기부터 여성의 몸은 사과와 많은 연결고리를 갖고 있지 않냐며 뿌듯한 미소를 머금으며 책표지를 만지작만지작 이리저리 훑어보셨다. 혹이 생겼다는 소식을 들었지만, 시간 순서상 마지막엔 선생님께 책에 대한 칭찬을 받으며 진료를 마무리한 터라 병원을 나오는 발걸음이 아주 무겁지는 않았다.

좋은 일이 있으면 나쁜 일이 있고 나쁜 일이 있으면 좋은 일이 있다는 '인생은 새옹지마'라는 말처럼 이 또한 새로운 경험을 선사하겠지. 몸으로 담보로 하는 경험이라 안전성 항목에는 빨간불이 들어온 기분이지만, 나는 분명 또 잘 극복하리라 믿어본다.

누구나 혹 하나쯤은
달고 사는 거라!

자궁근종 소식을 접한 뒤, 곧바로 SNS에 게시물을 올렸다. 이미 〈이상 소견이 있습니다〉라는 제목으로 자궁경험담에 관한 책을 낸 만큼 내 글과 삶에 책임감(?)을 가지고 알리는 것이 좋겠다 싶었다. 게다가 얼마나 많은 분이 책을 읽고 난 후 내 건강과 안부를 챙겨주셨던가. "요즘 건강은 어떠세요?"라는 그 한 마디는 굉장히 민망하면서도 고마운 말이었다. 겉으로만 보면 지덕체를 갖춘 N잡러에(나는 요가를 하고 글을 쓰고 연극을 하며 그림도 간간이 그린다) 인공지능에 밀리지 않을 직종을 갖고 있어서 그런가, 사람들은 나의 건강을 매우 당연하게 생각한다. 누군가에게 보이는 나는 밝고, 건강하고, 긍정이란 말을 자주 듣고 산다. 그래서 더더욱 나의 아픔이 매력적인 글감이 된 게 아닐까 한다. 아무튼, 이미지와 바꿔먹은 자궁경험담으로 많은 분이 나를 걱정해주셨는데 육 개월 만에 건강에 적신호를 알리자니 이거 참 죄책감도 들고, 입금 후 다이어트에 실패한 대배우가 된 것 같은 기분이었다.

　또 공공연하게 말해버리면 막상 큰일이 아

닌 것 같은 느낌에 훨훨 사로잡힐 수 있을 것 같았기에, 나는 덤덤하고 아무렇지 않은 태도로 자궁근종을 맞이하기로 했다. '내가 너 하나에 쫄 줄 알았니? 너 정도는 나에게 아무런 영향도 미치지 않는단다.' 이것이 자궁근종을 대하는 마음이었다. 엄마에게도 친구들에게도 드디어 올 것이 왔다며, 내 인생에도 드디어 자궁근종이 생겼다며, 나는 이제 자궁에 혹이 있는 어른이니 조무래기들은 나를 공경하라며, 당당하다 못해 마치 자궁근종이 없는 사람과는 말도 섞지 않겠다는 심보로 똘똘 나를 무장했다. 그렇게 엄마와 친구들을 넘어서 결국 할머니에게까지 지지 않고 이 단단한 무장 상태를 알렸다. 이런 잔망스러운 나 자신 같으니라고.

설 연휴를 앞두고 코로나때문에 귀경길이 막혔다. 섬마을 바닷가 앞 작은 집에서 오매불망 손주를 기다리고 계실 할머니에게 안부 전화를 걸었다. 비록 내 고향은 다른 사람들이 골프 치러 떠나는 제주도라 (코로나와 명절임에도) 14만 명의 관광객이 그곳을 간다는 뉴스 헤드라인이 보이기도 했지만, 코로나 취약 계층인 할머니를 만나러 갈 수는 없었다. 예전보다 돌아다니는 곳은 많이 줄었으나 나는 불특정 다수 사람이 많은 대중교통을 이용하고 있었고, 얼마 전 코로나 집단감염이 있던 헌팅포차가 지하철역에서 우리 집으로 가는 길에 자리 잡고 있었다. 이런저런 사정으로 당당하게 할머니 집 대문을 열기엔 양심의 가책과 국가의 정책이 자리하고 있으니, 찐~한 전화 한 통으로 고향을 향한 아쉬움을 달래기로 했다.

 지난 추석에 이어 이번 설 명절에도 갈 수 없는 국가 재난 사태 속에서 나는 할머니의 안부를 묻고, 할머니는 나의 안부를 물었다. 평소라면 두루뭉술하게 잘만 지낸다고 말할 텐데 그날 따라 무슨 바람이 불었는지 결국 나는 할머니에게 자궁에 혹이 생겼다는 말을 무던하고 시큰둥하게 꺼냈다. 사실 우리는 시시콜콜한 일상을 나누는 사이도 아니고, 나는 매해 명절마다 그저 밝고 건강하고 살가운 손녀 코스프레를 어렵지 않게 잘 해오고 있었다. 그런 내가 할머니에게 아주 투박하게, "할머니, 나 자궁에 혹이 생겼대~"라고 말한다는 것은, 엄마에게 말하면 "뭐하러 할머니에게 그런 걱정거리를 주니?"와 같은 잔소리를 들을만한 화두였다.

전화기 너머로 들리는 짧은 침묵 후, 할머니는 아무렇지 않게 "병원에서 경 고람서?" (할머니는 제주도 토박이로 제주도 사투리를 쓴다, 의미를 전달하자면 병원에서 그렇게 말했니? 라고 할 수 있다) 라고 말했다.

"응"

"무사?" (왜?)

"나도 모르커라" (나도 때때로 가끔 할머니랑 대화할 때는 제주도 사투리를 사용한다.)

"할망도 췌장에 혹 하나 이서" (할머니도 췌장에 혹이 하나 있어.)

"기~이?" (그래?)

"요기 앞집 할망도 자궁에 혹 하나 있다 해

신디 물질도 잘하고 잘도 기운차게 잘 다니멩. 엊그제도 나랑 운동장도 다섯 바퀴 돌아서"

"대박이네. 그 할망 괜찮데?"

"잘 살암서. 누구나 언젠간 혹 하나쯤은 다들 달고 사는 거라"

"푸하하, 이 나이쯤 되면 다들 혹 하나쯤 달고 사는 거~어?"

"맞쥬게"

할머니는 누구나 혹 하나쯤 달고 산다는 명언과 더불어 마지막에는 "사랑해"라는 애정표현까지 덧붙여줬다. 기분이 이상했다. 전혀 위로받을 거라, 생각지 못한 사람에게 아주 격하게 꼬옥 안긴 느낌이었다. 사실 평소의 할머니도 매우 따뜻한 사람이긴 했지만, 이번 통화는 심히 뜨거웠다. 마치 할머니가 뭘 잘못 먹었거나 내 이야기가 그렇게 심각했나 싶을 만큼 비일상적이었다. 전화를 끊자 진한 여운이 남았다. 언젠가부터 할머니를 의지하기보단 보살피고 안부를 묻고, 효도하고 잘 해드려야 하는 존재로 생각했나 보다. 헤어질 때도 늘 내가 먼저 "할망 나한테 안깁써~"하며 할머니를 끌어안곤 했는데, 이번엔 제대로 선수를 뺏겼다. 전화를 끊고 이건 아주 특별한 기억이 될 것이란 강렬한 감정이 만들어지는 순간을 조용히 느꼈다.

고작 할머니에 혹밍아웃을 했을 뿐인데, 이게 이렇게도 눈시울이 뜨거워질 일인가.

지난해에 팔순이 된 할머니의 말에 의하면, 자궁의 혹은 별 게 아니다. 아주 일상적이고 누구나 갖고 있거나 언젠간 갖게 될 것 같은 그런 것이었다. 사실 할머니는 얼마 전까지만 해도 이젠 귀도 안 들리고, 눈도 안 보이고, 기억도 안 난다며 점점 아무것도 못 하는 노인네로 늙어가고 있다고 궁시렁궁시렁 투덜거리셨다. 본인 몸뚱이에 대한 불만이 가득했던 할머니. 하지만 그녀가 걸어온 길을 다시 걸어갈 손녀에게 위로의 말을 툭 건네는 내공은 전혀 늙지 않았다. 오히려 더 깊고 진한 사골국물 같은 진심이 살아 있었다. 할머니는 역시 할머니였다.

 할머니의 또똣한 위로 덕분에 나는 친구들에게 '혹부리예슬'이 됐다며 전래동화 속 주인공이 된 것 마냥 '혹'소식을 알렸다. 혹부리예슬이라고 말하니 왠지 내 자궁 속 혹이 뭔가 귀여운 느낌이었다. 더불어 잠시 느꼈던 죄책감도 뭉게뭉게 사라지는 기분이었다.

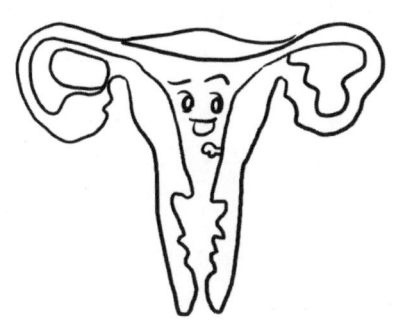

박보검도 맞은
인유두종바이러스 백신

"자궁경부암은 치료법이 없어요. 치료법이 있다면, 이렇게 번거롭게 다양한 검사를 할 필요가 없어요. 그냥 약하나 먹으면 땡일 텐데, 그게 아니라서 우리가 여러 번 얼굴을 맞대고 이야기를 나누는 거에요."

비록 코로나라는 새로운 전염병이 창궐하는 시대에 살고 있지만, 요즘 세상에 못 고칠 병이 뭐가 있을까 싶은 생각도 자연스러울 만큼 현대의학은 발전했다. 어느 순간 나이를 먹지 않는 외모를 유지하는 연예인들이 '마음을 심쿵하게 하는 40대 오빠들'이라는 수식어로 불릴 만큼 우리는 예전보다 젊고 건강한 생활환경 속에 살고 있지 않은가. 그 안에서 치료법이 없는 병을 화두로 내가 여러 번, 다양한 검사를 받는단 사실은 꽤 신기했다. 자궁경부암은 병변을 잘라내고, 잘라내고 결국엔 자궁을 들어내는 방법으로 치료할 수밖에 없는 불치의 암이다. 하지만 여러 암 중에서 유일하게 백신이 있는 암이기도 하다.

지난봄에 처음 내 자궁에 이상 소견이 있다

는 이야기와 함께 의사 선생님은 인유두종바이러스 백신을 권장하셨다. 인유두종바이러스 백신은 자궁경부암 백신이라는 이름으로도 불린다. 대학 시절, 학교 축제에서 총여학생회가 주관한 자궁경부암 백신 접종 할인 행사가 있었다. 당시에는 암이라는 병이 워낙 멀게 느껴지기도 했고, 할인해도 비싸게 느껴지는 백신 가격에 덥석 팔을 내밀 수 있는 지갑 사정도 아니었다. 또 성 경험 전에 맞아야 예방 효과가 크다는 말에 이미 성 경험이 있던 나는 이미 맞을 시기가 지난 것 같다는 생각도 했었다. 더불어, 여러사람과 동시에 연애를 하지 않았기에 평범하게 만나고 일상을 사는 나에게 생길 수 있는 일이라고는 생각지도 못했다. 오히려 백신을 맞고 아파하는 친구들을 보면서 "난 무서워서 못 맞겠어~"라고 말했는데, 십 년이 지나 백신 가격보다 더 비싼 병원비를 내면서 더 무서운 상황에 놓일 줄이야.

자궁이성형증 진단 당시에도 바로 맞을까 했지만, 이미 두 개의 바이러스가 있던 나는 바이러스가 몸에서 사라지길 기다렸다가 맞아야겠다고 생각했다. 또, 육십만 원이라는 다소 큰 예산 앞에서 선뜻 맞아야겠다는 의지가 생기지 않았다. 더불어 백신은 나만 맞으면 해결될 문제가 아니라, 남자친구도 함께 맞아야 했다. 당시 나는 연애를 시작한 지 얼마 되지 않았을 때라 남자친구에게 백신에 관한 이야기를 꺼내는 게 매우 망설여졌다. 물론 자궁경부암과 돈의 가치를 비교할 수 없다. 하지만 연애 초반이라는 시기와 당장 크게 불편함이 느껴지지 않는 몸 상태, 맞으면 후유증이 있다는 후기(주삿바늘이 들어갔던 팔뚝이 엄청나게 아프고, 몸살 기운이 생긴다는 이야기를 주변에서 많이 들었다.)를 들으면서 코로나가 좀 잦아들면 맞고자 경과를 조금 더 지켜보기로 했다.

그리고 다시 삼 개월 뒤 진행한 추적검사에서 정상소견이 나오다 보니 백신은 나의 우선순위에서 아주 조금씩 뒤로 밀리고 밀렸다. 그렇게 잠시 매월 할 일을 적는 다이어리에서 인유두종백신이라는 단어가 사라지고 내 관심이 뚝 떨어져 갈 무렵, 몸에서 신호를 보냈다. 정신을 차려보니 나는 다시 병원 로비에 앉아있었다.

스케줄을 조절하면 하루 일하고 하루는 쉬는 징검다리 같은 휴식을 취할 수 있는 생활 방식 속에서 나는 무리한 일정을 소화해도 하루쯤 쉬고 나면 다음 날은 에너지가 쌩쌩하게 돌아왔다. 그러다 보니 불 규칙적인 생활도 마치 규칙적인 생활처럼 거뜬하게 실행했다. 그랬던 내가 삼일 밤낮을 침대에 누워있어도 개운함이 느껴지지 않았다. 사람이 어떻게 한순간에 이렇게 바뀔 수 있나 싶었다. 그런 이유와 더불어 자궁근종을 발견한 기념으로 나는 미뤄두었던 인유두종바이러스 백신을 맞기로 했다.

인유두종바이러스 백신은 병원마다 가격이 조금씩 편차가 있기도 하고, 종류도 몇 개가 있다. 평균적인 가격은 회당 이십만 원에, 3회 차지만 건강보험심사평가원 홈페이지를 통해 검색하면 전국의 지역별 병원별 백신 가격을 조회할 수 있다. 나는 익숙한 곳이 좋아서 가격대가 좀 있더라도 내가 원래 진료받고 있던 병원에서 백신을 맞기로 했다. 마침 간호사 선생님께서 얼마 전 청춘 시대라는 드라마에 배우 박보검이 인유두종바이러스 백신을 맞는 장면이 나와 남성분에게도 많은 문의를 받았다며 나의 결정을 적극 지지해주셨다. 더불어 의사 선생님께서는 이 백신은 연인이 같이 맞아야 한다며 남자친구와 동반 접종을 한다면 비타민D 주사를 서비스로 놔주신다고 하셨다.

　남자친구에게 조심스럽게 백신에 대한 의사를 물었다. 사실 우리의 연애가 두 달이 겨우 넘어갈 때쯤 내가 자궁경부암 검사를 받았고, 그는 연애 한지 백일이 채 되기도 전에 여자친구가 이상 소견이 있다는 말을 들었다. 서로의 장점을 알아가는 시간으로도 부족한 삼 개월인데 아프다는 소식을 전하고 있자니 엄청난 하자와 단점을 들킨 기분이었다. 짧은 연애 기간동안 서로의 입에서 헤어짐을 말할만한 사건이 전혀 없었는데, 이 일을 계기로 내가 먼저 헤어지자고 말해야 하나 하는 생각도 들었다. 오랜 시간이 만들어준 끈끈함도 없고, 자궁경부암이라는 큰 화두를 이기고자 두 손 꼭 잡고 단결하기엔 우리가 만난 시간이 부족한 것도 사실이었다. 하지만 몇 번의 연애가 지나고 만난 고마운 인연은 생각보다 덤덤하게 내 상태를 듣고 그저 토닥토닥 등을 쓰다듬으며 나를 위로해주었다. 그리고 내가 원한다면 얼마든지 함께 인유두종바이러스 백신을 맞겠다고 말해주었다.

오랫동안 미뤄둔 방 정리를 하는 마음으로 인유두종바이러스 백신, '가다실9가'를 남자친구와 함께 맞았다. 가다실 데이트라는 이름을 붙이고 최대한 데이트하는 기분으로 커플룩까지 맞춰 입고 병원을 방문했다. 백신을 맞는 과정은 간단했다. 따로 검사하는 절차는 없었고 그저 주사실에 들어가 팔을 걷고 먼 곳을 바라보며 간호사 선생님의 지시에 따라 긴장을 풀기만 하면 됐다. 코와 함께 입까지 사용하여 날숨을 최대한 길게 뺐다. 긴장하면 근육에 힘이 들어갔던 만큼 아프다는 이야기가 있어 최대한 힘을 빼려고 애썼다. 아주 순식간에 백신 약물이 팔뚝을 통해 내 몸으로 들어왔다.

접종이 끝난 뒤, 예쁘게 디자인된 안내 리플렛과 접종카드를 받았다. 1차 접종날짜와 권장하는 2차, 3차 접종날짜가 쓰여있었다. 그 날짜를 기준으로 약 일주일 이후까지 병원을 방문하면 된다고 안내받았다. 망설였던 것에 비해 아주 순식간에 접종이 끝났다. 이렇게 간단하고 가벼운 일을 정말 열심히도 미뤄왔구나 하는 생각이 들었다. 다행히 누군가의 후기 속에 있던 후유증들이 내게는 일어나지 않았다. 다만 그날 백신 맞은 기념으로 기분 좋게 저녁으로 먹었던 연어회가 문제였는지 새벽에 묽은 변을 배출했다. 남자친구는 피부가 예민한 편인데 맞은 당일은 몸이 전반적으로 평소보다 조금 가려웠다고 한다.

자궁근종 소식과 더불어 가다실9가 백신을 맞은 사실도 개인 SNS에 올렸다. 어떤 분에게 조심스럽게 백신 관련 후유증에 대한 질문으로 연락을 받았다. 내가 느꼈던 걱정과 비슷한 감정을 느끼고 있을 그분에게 나의 상태를 세세하게 알려 드렸다. 더불어 괜찮을 테니 너무 걱정하지 말라는 응원도 함께! 가다실9가

덕분에 얼굴도 이름도 몰랐던 분과 서로의 건강을 바라며 예상치 못한 따뜻한 소통을 나눴다. 사실 처음에는 이런 소식들을 SNS에 올릴까 말까 고민했었다. 좋은 소식들만 전하는 그곳에서 혼자 튀는 느낌이랄까. 하지만 백신으로 고민하는 누군가에게 도움이 되는 게시물이 된 것 같아 이것만큼은 잘 올렸다는 생각이 들었다.

유일한 예방법이라는 백신을 맞고 한결 편해진 마음으로 일상생활을 시작했다. 이십 대 초반에 내가 인유두종바이러스 백신을 맞았다면 삼십 대 초반에 나는 이런 일을 겪지 않았을까? 하는 생각이 문득문득 올라오기도 했다. 그렇지만 과거의 내가 선택하지 않은 백신을 현재의 나는 과감하게 맞았으니 미래의 나의 자궁경험담은 지금보다 조금 덜 스펙타클하지 않을까. 비록 고관절의 불편함이 말끔하게 사라진 상태는 아니었지만, 내가 당장 할 수 있는 걸 실행한 것은 분명했다. 이번에는 60만원의 압박도 이겨내고 바이러스가 있는데 맞는 게 좋을까하는 의심도 떨쳐냈다. 가다실 데이트를 하면서 비타민D 주사도 맞았으니, 뼈도 더 튼튼해질 것이다.

요가강사가 아파도 되나요?

"의뢰하신 바이러스(HPV)검사 결과 고위험군 번호 1개, 암 검진 결과 이형성 세포가 관찰됩니다. 추가치료가 필요합니다"

아니... 뭐 이렇게 무섭게 이야기를 한다냐... '이상 소견이 있습니다'라는 간결했던 지난 결과와는 달리 이번에는 구체적이고 섬뜩한 내용으로 문자가 왔다. 6개월 전까지만 해도 정상이었던 결과가 한순간에 뒤바뀌는 경험이었다. 사뭇 다른 몸 상태에 심리적으로 불안정하긴 했지만, 자궁 초음파를 통해 자궁근종을 발견하고는 내심 원인을 찾았다고 생각하고 있었다. 그런데 이럴 수가! 막상 인유두종바이러스 검사에서 바이러스가 나오고, 세포진 검사에서 다시 이형성 세포가 발견되었다고 하니 총체적 난국! 근종에 바이러스 이형성 세포까지 감당할 수 없는 세 마리 토끼를 한 번에 잡은 욕심 많은 사냥꾼이 된 느낌이었다.

〈이상 소견이 있습니다〉를 읽었던 몇몇 분들이 나의 건강을 걱정하시며 안부를 물으실 때마다 마지막 검사결과를 이야기하면서 괜찮다고 말해왔는데.. 이거 참. 거짓말쟁이가 된 기분과 함께 내가 쓴 글에 책임을 다하지 못한 것 같은 죄책감이 더욱 깊게 올라왔다. 아, 이럴 줄 알았으면 육 개월만 기다렸다가 책을 쓸 걸 그랬나. 그랬으면 기승전결 구조는 물론이고 시련까지 완벽한 대서사시가 될 뻔했다. 이렇게 짧은 시기 사이에 내 자궁이 정상과 비정상 사이를 변화무쌍하게 움직일 줄 나도 정말 몰랐다. 그나마 긍정적으로 생각할 수 있는 건 지난봄에는 두 개였던 고위험군 바이러스가 한 개로 줄었다는 사실이었다.

인유두종바이러스 감염 원인에는 직간접적 성접촉, 흡연, 클라미디아 감염[10], 식습관, 장기간 경구피임약 복용, 면역력 감퇴 등이 있다. 물건에 붙어 있는 바코드를 찍으면 가격과 정보가 나오는 것처럼 바이러스 또한 띡- 하는 소리와 함께 해당 원인과 정보를 말해주면 얼마나 좋을까? 처음 이상 소견이 있다는 말을

---

10 클라미디아 감염증 (Chlamydia infection)은 클라미디아 트라코마티스라는 박테리아에 의해 사람에게 발생하는 흔한 성병이다. 감염이 된 사람들은 대부분 증상이 발현되지 않는다. 증상이 발현되더라도 감염 후 몇 주가 걸린다. 남성에서는 비임균성 요도염, 여성에서는 자궁경부염의 형태로 나타난다.

들었을 때는 두루뭉술하게라도 식습관을 비롯한 전반적인 생활환경 속에서 지금껏 내가 몸을 제대로 돌보지 않았다는 생각할 수 있었다. 하지만 책도 만들고 해부학도 배우고 예전만큼 무리한 일정에 나를 가뒀다고 생각하지 않았는데, 이런 결과를 받으니 약간 억울한 기분도 들었다. 아니 약간보다 아주 조금 더.

나는 일주일에 하루를 제외하고 거의 매일, 요가 매트 앞에 서서 사람들에게 몸과 마음의 건강을 말한다. 그리고 수업의 끝에는 나만의 인사말로 "오늘도 제가 가진 긍정의 에너지를 고이고이 접어 여러분에게 선물해 드리겠습니다"라고 마무리를 짓는다. 하지만, 이렇게 되고 나니 그 말을 진심으로 내뱉을 자신이 없어졌다. 때로는 매트 위에 서 있는 내 몸이 가식적으로 느껴질 때도 있었다.

언젠가 동생이 살짝 접힌 뱃살이 찍힌 사진을 보고 요가강사의 신뢰감이 사라진다고 그런 사진은 SNS에 올리지 말라고 말했었다. 건강함과 날씬함을 컨셉으로 판매하며 먹고 살아야하는 나는 사진 한 장도 신경써야하고, 그렇지 않으면 관리 좀 하라는 이야기를 듣는다. 건강을 내세워 돈을 버는 나의 신뢰감이 흐릿해지는 기분이었다. 건강을 지켜내지 못하는 요가강사를 누가 믿고 수업을 들을까.

 이 상태로 가다간 내 몸을 사랑할 수 없을 것 같았다. 그럴 순 없었다. 당장 내일도 나는 매트 위에 서서 내 몸과 함께 의기투합해서 생계를 꾸려야 한다. 먹고 자는 일상뿐 아니라 '일'마저 같이하는 사이이므로 사랑하지 않는다면 너무 괴로울 게 분명했다. 당장 할 수 있는 건 마인드컨트롤 뿐이었다. 지난 경험을 돌이켜보면, 면역력이 떨어지고 환절기 영향을 받으면 언제든 감기에 걸릴 수 있듯이 바이러스 또한 지속해서 감염될 여지가 있었다. 감염된 세포 또한 손등 각질이 탈락하듯 자연적으로 없어질 수도 있고, 더 깊은 감염으로 세포 변화를 시작할 수도 있다. 내 몸엔 결론지을 수 없는 다양한 가능성이 존재했다. 안 좋은 생각을 좋은 방향으로 틀어내기 위해 몇 번이나 몸서리쳤다.

이성적인 머리와 감성적인 마음이 따로 놀기 시작하는 상태를 쉽게 해결할 순 없었다. 불균형한 심리상태 속에서 다양한 생각이 똬리를 틀었다. 그렇다 보니 침대에 두 다리를 뻗고 누워있어도 고관절과 다리가 찌릿찌릿 저린 느낌이었다. 게다가 비타민이고 밀크시슬이고 마그네슘이고 안 먹던 영양제를 잔뜩 챙겨 먹었더니 샛노란 오줌이 나를 맞이했다.

  아, 조금 더 의연해지고 싶다

HPV는 나의 연애도
위협하는구나

추가치료 문자를 받고 나서 제일 먼저 그 사실을 알린 사람은 엄마도 아니고, 절친한 친구들도 아니고 바로 남자친구였다. 인유두종바이러스의 원인과 감염경로라고 (아, 물론 정확하게 이것만 해당하지는 않는다!)하는 성관계를 하는 나의 파트너. 게다가 얼마 전 육십만 원이나 하는 거금을 들여서 나와 함께 두 손 꼭 잡고 가다실9 주사를 맞은 그에게 이 사실을 가장 먼저 알리는 것이 예의라는 생각이 들었다

나에게 괜찮은지? 걱정이 많이 되겠다며, 오늘도 무리하지 말고 잠을 푹 자라고 말하는 착한 그에게 내 목구멍과 카톡을 치는 손가락 끝까지 "그대도 당장 HPV 검사를 받아보는 게 어떻겠소(우린 서로에게 존댓말을 사용한다)"라는 말이 튀어나왔지만 차마 뱉지 못했다. 왠지 당당하게 말할 수가 없었다. 뭔가 애정전선에 문제가 생길 것만 같았고, 신뢰와 믿음에 망치질을 하는 건 아닐까 하는 걱정도 앞섰다. 비록 내 사랑이 이깟 인유두종바이러스에 소멸할 리는 없겠지만, 이것 참 난감했다.

나와는 다르게 호들갑 떨지 않고 나의 건강을 응원해주는 좋은 사람이라는 걸 너무 잘 알지만, 동시에 그만큼 이 문제로 그를 잃으면 어떡하지 하는 걱정도 없던 것은 아니었다. 사실 처음 자궁경부암 검사를 하고 바이러스 검사에서 바이러스가 나왔을 때, 어디서 이런 바이러스를 옮아왔을까 고민하며 그와 내가 만났던 사람들을 거슬러 올라가 추적하고 괜히 한마디를 보태며 원망해보는 시기도 있었다.

지난해 봄에 산부인과 의사 선생님께 '남자친구도 검사를 같이해야 하나요?'라고 물었을 때, 선생님께서는 남자는 생식기가 밖으로 돌출되어 있어서 바이러스에 감염된다 하더라도 손등 각질이 벗겨지듯 금방 떨어져 나오고 사실상 검사가 무의미하다고 하셨었다. 그렇다 보니 면역력이 낮아지는 지름길인 스트레스가 내 머릿속을 잠식한다 하더라도 쉽게 말이 떨어지지 않았다.

믿음직스럽지는 못하지만 그래도 다양한 정보를 주는 초록 창에 '남자친구 HPV, 남자친

구 HPV 검사, 남자친구 HPV 검사 제안하기'
라고 비슷한 검색어를 여러 차례 입력했다. 정
확할지 아닐지 장담할 수 없는 몇 가지 정보가
담긴 블로그와 약간의 광고가 가미된 병원과
의사 이름이 적힌 뉴스 기사들이 우수수 올라
왔다. 의견을 종합하자면, 남자들은 HPV 검사
를 한다 해도 잘 검출되지 않는다. FDA에 정
식 승인된 남자 HPV 검사는 지구 상에 전무하
다고 한다. 게다가 여성에 비하면 거의 아무런
증상이 없다고 한다. 이렇다 보니 막상 그의
검사결과가 음성으로 나온다면 다행이다 싶은
마음보다는 나만 문제가 있는 사람이 될 것 같
은 두려움이 앞섰다. (아픈 것도 같이 아프고
싶은 이기적인 마음이 든다. 정말)

혹여나 검사를 제안하는 마음 한구석에 이
건 내 문제가 아니라 너의 문제일 수도 있다는
책임을 회피하고 싶은 생각이 있는 건 아닐까.
여성 질환에 당당하게 소리를 낸다고 글도 쓰
고 책도 만들었지만 정작 나 자신은 누군가의
여자친구로 당당하지 못하고 내게 흠이 생긴
느낌도 들었다. 나를 자꾸만 부족하고 모자란

사람으로 만드는 감정의 쇠사슬이 나를 감은 채로 녹슬어버릴 것만 같았다. 이런 생각이 나를 갉아먹는다는 것을 알고 있지만 나도 모르게 흘러들어온 감정이 제 발로 나가기를 기다리는 인내심을 발휘하기가 여간 어려운 게 아니었다.

언젠가 한 번 남자친구에게 무섭지 않냐고 물어본 적이 있었다. 연애 한지 두어 달 밖에 안된 여자친구가 감기도 아니고 위경련도 아닌 자궁경부암을 화두로 여러 검사를 받고 진단을 받을 때, 당신은 무섭지 않았냐고. 혹시나 먼 미래 결혼이나 임신과 출산을 생각한다면 충분히 예민하고 생각이 많아지는 문제가 아닌지 툭 털어놓았다. 그러자 그는 자기가 뭐라 말할 문제가 아닌 것 같다고 말했다. 당사자가 아닌 자신이 얼마나 내가 아플지 상상조차 할 수 없었고, 상상하는 것조차도 아주 조금은 내게 무례한 행동이 될 수도 있을 거라, 생각했다고. 그저 자신이 할 수 있는 건 옆에서 조용히 내가 겪는 모든 과정을 지켜봐 주고 응원해주는 것이라고 말했다. 할 말이 없었다.

어려운 질문에 누구보다 멋진 답변을 해주는 그가 고마웠지만, 동시에 반성해야겠다는 생각이 들었다. 분명 내가 그보다 먹은 밥공기도 더 많은데 왜 그가 더 어른스러운 것일까.

정말 솔직하게 하고 싶은 말을 늘어놓는다면, "내 몸에 바이러스가 있다면 분명 당신 몸에도 있을 것이오. 그런데 나만 이런 검사를 두 번이나 받아야 하고 나만 불안감에 시달려야 한다는 것이 억울하지 않겠소. 마치 어린 시절 함께 놀다가 창문을 깼는데 같이 놀았던 남동생은 안 혼나고 나만 혼나는 그런 기분이 들더이다. 원인을 나에게서만 찾지 말고 똑같이 검사하고 똑같이 치료받고 똑같이 불안해했으면 좋겠구려."라고 다다다다다 랩을 하듯 내뱉어버렸을 것이다. 하지만 연애는 서로 이해하고 서로 배려하고 서로 희생하고 서로 아껴주는 것이니 나는 아주 조심스럽게 할 말을 정돈했다.

조심스럽게 말한다는 말을 세 번쯤 덧붙이고, 목소리 톤도 상대에게 안정감을 줄 수 있도록 목젖의 높낮이가 바뀌지 않는 톤으로 맞추고, 솔직하지만 단호함보다는 최대한 부드러움을 담아 천천히 이야기를 시작했다. (이건 어디까지나 내 입장이다) 내 감정과 마음을 이야기하는데 중점이 있었기에 상대에게 어떻게 들렸을지 잘 알지는 못하지만, 정말 다행스럽게도 남자친구는 내 마음이 편해진다면 기꺼이 HPV 검사를 받겠다고 말해주었다.

다음 날 추가치료를 위해 방문한 병원에서 의사 선생님께 한 번 더 남자친구의 HPV 바이러스 검사에 대해 여쭤보았다. 선생님은 무슨 의미가 있겠느냐며 당연히 내 몸에 있으니 다른 사람과 성관계를 맺지 않는 이상 상대방의 몸에도 바이러스가 있을 거라고 하셨다. 그리고 나에게서 검출된 52번 바이러스는 여성의 몸에서는 자궁경부암을 일으키지만, 자궁이 없는 남자의 몸에서는 다른 질환을 일으키지 않기에 무의미한 검사가 될 것이라고 말씀하셨다. 기분이 썩 좋지는 않았지만, 내가 당장 의견을 구할 수 있는 전문가가 그렇다고 하니 더 할 말이 없었다.

병원에 갔다 온 후 남자친구에게 이 사실을 전했다. 남자친구는 바이러스가 있는지 없는지 검사하는 것보다는 앞으로 어떻게 대처할지가 중요하겠다고 말했다. 우리는 다시 한번 긴장의 끈을 조이고 함께하는 성생활을 점검했다. 관계 전후의 샤워 여부부터 자주 사용하는 콘돔의 성분까지 다시 둘러보았다. 그리고 나의 컨디션이 어느 정도 정상 궤도로 돌아올 때까지 당분간은 플라토닉 러브를 하자며 서로를 다독였다.

이것 참, 전우애가 생긴 기분이었다.

정신과를 가보는 것도
나쁘지 않아요

겉으로는 평소와 다를 게 없는 일상을 지내고 있었지만 내 상태는 조금 더 심각해졌다. 지난봄 비정형 세포 발견으로 이상 소견이 있었던 암 검사결과(세포진 검사)는 삼 개월 뒤에 추적검사에서 음성이 나왔다가 다시 육 개월이 지난 지금, 한 단계 더 심각한 저등도 이형성증 단계로 세포 변화가 일어났다. 쉽게 말하면 바이러스가 피부 겉면을 통과해 한 단계 더 안쪽으로 들어가 변형을 일으킨 상태다. 추적검사에서 정상소견이 분명 나왔었는데, 육 개월 만에 이런 결과가 나올 수 있는지 물으니, 거참 당혹스럽게도 선생님께서는 충분히 그럴 수 있다고 하셨다.

바이러스 같은 경우는 고위험군에 있던 59번, 52번 중 59번은 사라진 상태고 52번만 존재했다. 52번 같은 경우는 가다실 9가로 예방할 수 있는 유형이다 보니 백신의 항체가 생기면 괜찮을 거라고 하셨다. 바이러스는 생기고 없어지는 진행속도가 느리지만, 세포는 생각보다 빠르게 변한다고 한다. 어쩌면 지금 내 상태가 심각해진 건 하나 남은 바이러스의 마지막 발악일지도 모른다는 생각도 들었다.

 추가치료의 정체는 조직검사였다. 암 검사에서 양성이 나왔으니, 조금 더 정확도가 높은 조직검사를 통해 저 등도 이형성증의 상태가 CIN 1단계인지, CIN 2단계인지 확인해야 한다고. 지난번처럼 CIN 1단계라면 한숨 내려놓고 지속적으로 관리하면서 추적검사를 하면 되고, 조금 더 진행된 상태라면 레이저 치료나 원추 절제술 같은 수술법이 있을 것이라고 말씀하셨다. 물론 선생님께서는 이후 건강한 상태가 된다면 임신이나 출산에는 큰 영향이 없을 것이라고 했지만, 내 마음은 그렇지 않았다. 이런 상황을 겪어보니 앞으로 다시는 정상이라고 마음을 놓을 수 없을 것 같았다. 언제든지 비정상이 될지 모를 가능성을 가진 것. 그게 앞으로 내 삶의 숙제로 성큼 다가왔다.

 추가치료 상담과 더불어 좀처럼 나아지지 않는 왼쪽 고관절 통증과 빈뇨 현상에 대해서도 말씀을 드렸다. 왠지 느낌상 자궁 왼쪽에 혹이 있으니 왼쪽 고관절에 영향을 미쳐서 계속 아픈 게 아닐까 싶은 추측과 조바심을 털어놓았다. 선생님께서는 혹이 신경을 눌러 고관절이 저릿저릿하려면 외부에서도 만질 수 있을 만큼 혹의 크기가 커야 하고, 그 정도라면 내가 이렇게 똑바로 앉아있지 못할 거라고 하셨다. 그리고 화장실을 자주 가고 싶은 건 긴장 상태와 심리적인 요인이 크다고 하셨다. 일상생활에 영향을 줄 정도로 상태가 심각하면 정형외과나 비뇨기과와 정신과를 가보는 것도 나쁘지 않다고 하셨다.

내가 배웠던 해부학과 요가 속에서는 우리 몸은 다 연결되어 있었다. 그래서 어깨가 안 좋으면 목이 불편하고, 골반이 안 좋으면 허리가 좋을 수 없었다. 마치 벗어날 수 없는 뫼비우스의 띠처럼 모든 신체 부위는 서로 영향을 주고받는데 딱딱 나눠서 다른 분야의 병원을 가야 한다니 선생님의 의도와는 다르게 내 마음속에는 불편한 감정이 느껴졌다. 증상을 말했을 뿐인데, 한순간에 다른 분야의 진료를 받아야 하는 환자가 된 기분이었다. 게다가 '정신과'라는 단어가 주는 어감이 다소 세게 다가

와서 더는 할 말도 없었다. 그저 내가 말귀를 못 알아듣고 징징거리는 다소 귀찮은 환자가 되지 않길 바라며 어색한 미소와 함께 진료실을 나왔다.

정신과를 갈 만큼 내가 불안정한 심리상태를 갖고 있다고 생각하지 않았다. 그저 낯선 병을 겪어 가는 과정에서 기분이 썩 좋지 않은 순간을 만날 뿐이라고 애써 나를 다독여왔다. 날카로운 기분에 내가 좋아하는 내 모습을 뺏기고 싶지 않아 정말 노력하고 있었다. 언젠가 사랑하던 연인과 헤어지고 나서 일상이 무너졌을 때는 스스로 정신의학과라도 가볼까 싶었는데, 고관절 통증과 빈뇨증상으로 정신과를 가보라는 말을 듣자 참았던 눈물이 툭 터져 버릴 것 같았다.

정말 알다가도 모를 내 몸이다.

그런 이유로 조금 더 애써 나를 위한 시간을 가졌다. 몸이 기억할 경험과 감정을 아픔으로 채우고 싶지 않았다. 통증을 핑계로 미뤄둔 요가 수련을 가기 위해 몸을 일으켰고, 코로나가 끝나면 가야지 싶었던 미뤄둔 맛집을 마스크를 쓰고 기꺼이 찾아갔다. 12시가 되기 전에 잠들기 위해 형광등을 끄고 드림 캡처를 켰다. 감정을 정리할 수 있도록 휴대폰 메모장에 글을 쓰고, 좋아하는 사진을 하나라도 더 보관하기 위해 i-cloud 용량을 추가했다. 더불어 내가 좋아하는 작가님의 잔기술이 잔뜩 담긴 에세이를 읽으며 내 글이 이렇게 위트있게 써졌으면 좋겠다고 생각하고 또 생각했다.

언젠가 이 시기를 기억하는 내 몸의 경험을 떠올렸을 때, 병원을 가고 검사를 하고 결과를 듣고 벌벌 떨던 감각과 더불어 병원 갔다 오는 길에 들렀던 예쁜 카페의 맛없는 수박 주스도 생각났으면 좋겠다. 병원 가기 전날, 내일을 병원에 가는 날이니까 오늘은 나에게 선물을 줘야 한다며 작업을 미루고 보았던 드라마도 기억할 수 있으면 좋겠다. 좋은 기억을 심어주려고 애썼던 나의 노력이 더 많이 생각나는 시기로 이 시간을 가득 채우고 싶다.

그리고 정말 타이밍이 재밌게도, SNS 댓글로 신청해놓고 까먹고 있었던 호텔 숙박 이벤트에 당첨돼서 예기치 못하게 2박 3일간 휴식을 취할 수 있게 되었다. 나에게 펼쳐진 상황이 웃프고, 고마워서 호텔에 가면 꼭 의미 있는 일을 해야겠다고 마음먹었다. 깔끔하게 정리된 순백의 시트 위에 누워 안도하는 그런 경험을 그리워한다는 여행의 이유 속 김영하 작가님처럼 깔끔하게 정리된 순백의 시트 위에 누워 안도하는 그런 경험을 기대하며 이상 소견이 있는 나는 뭘 할 수 있을까 즐겁게 생각해봐야겠다.

응급실을 가다

병원에서 진행한 조직검사 결과에서 다시 CIN 1단계를 진단받고부터 방광염 증세가 심해졌다. 더불어 얼마 전부터 생리 주기에 따라 두 달에 한 번꼴로 생리 약 2주 전인 배란일부터 갈색 피가 찔끔찔끔 나오다가 생리가 시작되었다. 그리고 골반 안쪽으로 통증도 종종 느껴졌다. 나는 요가강사로서 일주일에 한 번 이상은 골반을 주제로 수업한다. 골반을 부드럽게 풀자고 엉덩이와 허벅지를 당기고 열어내며 근육을 부드럽게 데우는데, 그럼에도 원인을 알 수 없는 통증에 더 큰 병원을 가보기로 했다.

큰 병원 A에 다니는 후배의 도움으로 빠르게 예약을 잡을 수 있었다. 지금까지 다녔던 1차 동네병원에서 받은 소견서와 의료기록을 가지고 외래진료를 받으러 갔다. 3차 병원인 만큼 앞서 내가 다니던 곳보다 훨씬 큰 규모와 무거운 분위기가 느껴졌다. 혼자서는 처음 방문한 큰 병원의 낯선 온도와 냄새가 나를 위축시키는 것 같았다. 큰 병을 치료하기 위해 오는 환자가 많아서 그런가, 묵직한 병의 무게를 안고 오가는 사람들 속에서 나 또한 마음이 긴장되고 심리적으로 더 작아지는 기분이었다.

들고 간 기록을 바탕으로 새로운 의사 선생님과 이야기를 나누고 곧바로 자궁 확대경 검사를 했다. 큰 병원에서는 처음으로 나에게도 같이 확인해보자며 자궁경부를 보여주셨는데, 내 자궁경부는 선홍색 반구 모양에 아주 아주 미세하게 옅은 흰색 마블링 같은 것이 드문드문 보였다. 처음 보는 장기가 신기해 조금씩 긴장을 풀고 관찰하던 나와 달리, 선생님께서는 이미 답을 알고 있다는 듯 외관상 봐도 2단계는 될 것 같다고 거침없이 말씀하셨다. 그뿐만 아니라 자궁이성형증의 25%는 결국 자궁경부암이 된다며 내 귓가에 다소 비관적으로 들리는 안내 말씀도 서슴지 않으셨다. 작은 병원에서는 아직 내게 일어나지 않은 아주 머나먼 이야기처럼 이야기했던 원추절제술을 큰 병원에서는 당장 진행해도 될 것 같다고 말했다.

갑작스런 수술제안에 동아줄을 잡는 심정으로 그래도 조직검사를 한 번 더 하고 수술을 하는 게 순서가 아닌지 물어보았다. 그렇게 작은 병원에서는 단계별로 몇 주에 걸쳐 진행하던 검사를 하루 만에 연달아 진행했다. 마음의 준비를 할 시간이 없어서 그럴까 기억 속 지난 경험보다 훨씬 아픈 감각이 느껴졌다. 작은 병원에서는 한번 따끔! 이었다면, 이곳에서는 쫘악! 쫘악! 쫘악! 세 번이나 뜯어내셨다. 그리고 지혈 거즈도 더 묵직하고 두터운 것으로 삽입하셨다. 검사가 끝나고 로비를 걸어 나오는 길이 그 어느 때보다 추웠고 매섭게 느껴져 병원을 나오자마자 엄마에게 전화를 걸었다.

그렇게 조직검사가 끝나고 약 일주일이 지난 어느 저녁, 갑자기 아랫배가 묵직하게 아파 왔다. 생리 기간도 아니고, 조직검사가 끝나고 별다른 증상 없이 며칠간 잘 지내왔기에 오전에 먹은 무언가가 잘못되었나, 하는 생각만 하고 있었다. 아픈 배를 부여잡고 화장실로 가 잠시 앉아있었는데, 술~렁이는 느낌과 함께 내 몸에서 손바닥 4/1 정도 되는 핏덩어리가 톡 떨어졌다.

'이게... ?????'
'설마.. 자궁 일부는 아니겠지...?'

내 몸에서 선지가 나왔다. 나는 생각보다 비위가 약해서 순대도 내장은 못 먹고 순대만 골라 먹고 선짓국도 안 먹는데... 내 몸에서 선지가 나왔다. 태어나 한 번도 만난 적 없는 핏덩이의 정체는 무엇인가. 상태가 안 좋은가 싶어 그 길로 귀가하는 버스를 탔다. 대중교통을 이용한 시간은 15분 남짓이 안 됐지만, 그 시간 동안 입고 있던 트렌치코트의 겉 부분이 불그스름하게 젖을 만큼 엄청난 양의 피가 흘러내렸다. 돌아와서 확인해보니 착용하던 생리대가 흡수를 하다못해 넘쳐 흘러 빵빵한 상태였고, 하얀 부분은 찾아볼 수도 없이 새빨간 모습을 하고 있었다. 한참을 변기에 앉아있었는데 고요한 적막 속에 뚝! 뚝뚝! 묵~직! 술~렁! 멈추지 않는 피와 핏덩이가 묘한 리듬감을 만들며 내 몸에서 흘러나왔다. 이건 말 그대로 대 환장 피 파티였다.

커~다란 핏덩이가 네 덩이 정도 나오고 나자, 머리가 핑~ 돌 것 같았고, 조직검사를 했던 A 병원에 전화했다. 응급실에 와서 상태를 살펴봐야 한다는 말에 나는 그대로 내가 있던 위치에서 가장 가까웠던 B 병원 응급실을 방문했다. 나는 하혈 환자로 중증응급실에 배정되어 상태가 심각해 보이는 환자분들 사이에 머무르게 되었다. 몸에서 피만 나오지 다른 부위는 지극히 정상적이었기에 내가 여기에 왜 있는지 모르겠다는 의문스런 표정을 지으며 응급처치를 기다렸다. 링거를 맞으며 말짱한 얼굴로 누워있었지만, 내가 자리한 침대는 점점 빨갛게 물들고 있었다.

얼마간의 대기 끝에 산부인과로 이동해 진료를 봤다. 알고 보니 조직검사 후 지혈에 문제가 생긴 거였다. 지혈되어가는 상처 딱지가 알 수 없는 어떤 요인으로 떨어지면서 출혈이 생긴 것. 슬며시 제가 사실 요가강사라서 오늘 오전에 골반을 주제로 요가수업을 했는데, 수업 때 진행한 어떤 동작이 영향을 줄 수도 있었을까요? 라고 묻자 그것도 요인이 될 수 있겠다고 하셨다. 허허허.

 정말 아주아주 가끔 나 같은 경우가 있다고. 원인은 알 수 없지만, 이 정도 출혈을 그대로 뒀으면 스스로 지혈되지 않았을 거라 응급실에 잘 왔다고 하셨다. 조직검사 후 출혈 문제로 중환자들만 사용하는 산소호흡기까지 착용하게 될 줄은 정말 상상도 못 했다. 이대로 삶을 마감하는 건가. 타이밍의 장난처럼 내 코에 산소호흡기가 들어오자 옆에 있던 분만실에서는 새 생명이 태어나는 소리가 들렸다. 아가와 내 삶의 시작과 끝이 교차하는 느낌이 들어서 잠시 영화나 드라마 속 한 장면에 머무르는 기분이었다.

 이렇게 정신없는 와중에 응급실에 계시는 의사 선생님은 정말 정말 친절하고 따뜻하셨다. 충분히 시간을 들여, 내 몸 상태를 설명하셨고 핏덩이에 놀란 내 마음을 서서히 진정시켜주셨다. 지혈과 더불어 자궁 초음파를 보면서 내 자궁의 현재 상황에 대해서도 자세하게 알려주셨다. 생리가 끝난 직후에 확인을 한 번 더 해볼 필요가 있는 자궁내막 용종 1.5cm 과 자궁 앞 근종 2.3cm에 대해서 말씀하셨고, 근육 혹이라는 근종과 증식 혹이라는 용종에 차이에 대해서도 쉽게 알려주셨다. 심지어는 초음파 사진도 휴대폰으로 다 찍어가라고 하시면서 내 몸에 대해 더 잘 알 수 있도록 알뜰살뜰 정보를 챙겨주셨다. 무섭고 두려웠던 마음에 폭포수처럼 따뜻한 위로가 쏟아지는 기분이었다.

나는 병원을 바꾸기로 했으며, A 병원 조직검사 결과가 나오자마자 바로 B 병원으로 갔다. 조직검사결과는 세포의 병변 상태가 1단계에서 2단계로 진행되는 중이었다. 내 세포들은 바이러스와 함께 고군분투하고 있었다. 당장에라도 수술 날짜를 잡자던 A 병원과 달리 B 병원에서는 수술을 권고하는 단계는 맞지만 당장 수술을 하지 않아도 된다고 진행 과정을 조금 더 지켜보자고 했다. 의사 선생님께서는 지금 상태에서는 50%의 확률로 더 나아질 여지가 있으니, 건강관리를 조금 더 해보고 삼 개월 뒤에 다시 추적검사를 하자고 말씀하셨다.

당장 수술을 하지 않아도 된다는 말은 나를 안심시켰지만, 정작 나는 잠시 또 당분간 불규칙적인 일정에 놓일 예정이었다. 이미 벌려버린 다양한 일을 소화해야 했고, 이미 뿌린 씨앗을 싹 틔우기 위한 작업에 몰두해야 했다. 그래도 양심상 영양제를 십팔만 원어치나 플렉스를 하고 작심삼... 오일... 아니 칠일의 시간을 보냈다. 시간은 빠르게 흘렀고, 달력에 추적검사 날짜가 보이기 시작했다. 마음이 복잡했다.

아, 삼 개월이 지나도록 영양제는 반 이상 차 있는데...

N 차 조직 검사

나는 이미 알고 있었다.

지난 3개월간 내가 맥주를 얼마나 많이 마시고 (거의 매일같이) 막차까지 진행하는 연극 연습과 새벽 요가수업으로 잠은 반 토막이 났으며 (3토막, 4토막 난 날도 있다.) 면역을 기르겠다고 주문한 십팔만 원어치 영양제도 작심 2주(!)였다. 심지어 내 남자친구도 내 건강을 생각해서 나랑 플라토닉 상태로 지내주고 있는데, 나는 크게 변하지 못했다. 장거리 달리기에 지쳐 숨이 턱 끝까지 올라와 아주 짧은 숨도 쉬기 힘들 만큼 헉헉거리고 있었다.

망나니같이 생활한 지난 삼 개월간의 전적이 있기에 병원을 방문하는 발걸음이 가볍지 못했다. 페이지가 넘어간 달력에서 병원 예약이라는 일정을 확인하고, 진료 삼 일 전에 예약 안내 카톡이 왔을 때부터 마음의 준비를 시작했다. 팔이 안으로 굽지 않도록 최대한 쫙 펴놓고 객관적으로 고민해봤을 때, 선생님께서 제안하신 50%의 확률은 왠지 정상보다는 비정상에 가까울 것 같았다. 혼자서 미리 먼저 매 맞는 심정으로 안 좋은 결과를 상상하며 진료실로 들어갔다. 무거운 마음의 짐을 잔뜩 안고 죄지은 죄수처럼 자리에 앉았다.

"공연은 잘하셨어요?"

"어? 기억하시네요? 하하하... 네.. 공연은 무사히 끝냈는데... 제 몸은 모르겠네요."

"그럼 오늘 조직검사 하고 진행 상태를 볼게요"

"네???"

이미 한 번 A 병원에서 하루 만에 모든 절차 밟은 전적이 있었지만, 그래도 역시 당황스러웠다. 사실 머릿속으로 그렸던 시뮬레이션의 시작은 자궁 경부를 브러쉬로 긁어내는 자궁 세포진 검사였다. 한 단계 한 단계 마음의 준비를 하고 살점을 뜯어내는 조직검사로 다가갈 거로 생각했는데, 이런. 뭔가 당하는 느낌으로 N차 조직검사를 진행했다. 큰 병을 다루는 곳이라 1차 검사 절차가 생략되는 건지 아니면 내가 자궁이성형증 1▶2단계로 진행 중인 중증환자이기에 그런 건지는 모르겠지만, 생각지도 못한 조직검사 제안에 한숨이 절로 나왔다. 게다가 지난 조직검사에서 대 환장 피 파티를 경험해서 그런지 더더욱 미루고 싶은 마음이 굴뚝 같았다. 하지만 미루면 미룰수록 더 안 좋은 결과를 듣게 될 거 같아, 아주 빠르게 나 자신과 타협했다.

"조직검사 이후에는 약 일주일 정도 탕 목욕, 성관계, 수영은 금지에요"

"어... 선생님 저 내일 수영해야 하는데요... 친구들이랑 한 달 전부터 글램핑 가기로 했는데, 사실 저는 오늘 조직검사를 할 거란 생각은 못해서요..."

"그럼, 일정을 조금 미뤄볼까요?"

선생님께 주의사항을 듣자마자 스케쥴에 차질이 생겼다. 하지만 선생님은 여유롭게 다음 일정을 제안하시면서 충분한 설명과 함께 내가 선택과 결정을 할 수 있도록 유도해주셨다. 달력을 보고 고민하기를 잠시, 생일 일정과 추가 여행 일정을 고려했을 때, 이때가 아니면 왠지 8월까지 검사를 미뤄야 할 것 같았다.

"저.. 그냥 내일 수영 안 할게요. 오늘 검사하겠습니다."

다행히 일행 중 한 명이 전날 생리를 시작해서 혼자 깍두기가 되지 않아도 되었고, 여행 당일에 비가 엄청나게 내려서 다 같이 수영하지 못했다. 이제 와서 하는 말이지만, 사실 그날 모두가 물에 들어가지 못해 나는 기뻤다. 음하하.

조직검사를 진행하는 의사 선생님과 간호사 선생님은 조직검사 후 출혈로 응급실에 방문했던 것을 잘 알고 계셨다. 흔치 않은 경험으로 불안한 내 마음을 따뜻하게 다독여주셨다. 또 그렇게 피가 나면 어떡하냐는 반복적인 질문에도 이번에는 안 그럴 거라며 안 아프게 검사하겠다고 여러 번 말씀해주셨다. 이때 정말, 머릿속으로 병원 바꾸길 잘했다는 생각을 얼마나 했는지 모른다.

검사 과정에서 선생님과 함께 확대경 화면으로 내 자궁경부를 보았다. 조직을 채취하기 전, 자궁경부에 약을 바르자 병변이 있는 부위가 선명한 하얀색으로 변했다. 생각보다 색깔이 변하는 면적이 넓어서 놀랐다. 언제부터 내 자궁경부가 빨간 사과 빛을 잃어버린 걸까. 몸 안 깊은 곳에 있어서 내 눈으로 볼 수 없는 아픔과 그 속사정을 조심스럽게 묻고 싶었다. 지금 넌 어떤 상태니? 괜찮니? 눈꽃처럼 새하얗게 변한 병변을 직접 만나자 그전에는 피부로와 닿지 않았던 경각심이 더 강하게 들어오는 기분이었다.

선생님은 아주 조심스럽게 자궁경부의 살점을 뜯어내셨다. 채취 과정을 보면 시각에 촉각까지 더해져 두 배가 된 감각이 진짜 강한 고통으로 느껴질 거 같았다. 촉각은 선생님 손에 달렸으나 시각은 스스로 선택할 수 있었다. 하나라도 차단하고자 눈을 질끈 감고 열심히 호흡만 내쉬었다. 사실 조금 아프긴 했지만, 최대한 덜 아프게 하겠다며 노력하는 선생님의 모습에 따끔하다는 말도 쉽게 할 수 없었다. 엄살엔 의료진의 성의가 최고의 약인가 보다. 감사합니다.

몸에 상처를 내는 검사라 그런가, 조직검사는 언제나 기분이 좀 구리긴 하다. 그래도 이번에는 따뜻한 선생님의 말 마디 마디가 꽝꽝하게 굳어있는 근심을 아주 조금 녹여주는 것 같았다. 그래서 그런지 결과적으로 지난번처럼 어마 무시한 출혈이 있지는 않았다. 그렇지만 당일 밤 지혈 거즈를 빼고 나자 잠옷 바지가 다 젖을 만큼 피가 한 번 더 쥬-륵 흘렀다. 또 한 번 응급실을 가야 하나 고민했지만, 다음 날 오전부터 일정이 있어 선뜻 응급실로 발걸음이 떨어지지 않았다. 우선 응급처치부터 하고자 화장실에 갇힌 나 대신 동생이 밖으로 나가 대형 생리 팬티를 사다 주었다. 이런 나와 함께 살다 보니 의도치 않게 남자인 내 동생도 여성의 몸과 고민을 함께 겪어나 가는 것 같다. 고생이 많구나.

 다행스럽게 걱정이 심해지기 전에 피가 멈췄다. 이후 친구들과 글램핑을 간 날도, 그다음 날도 걱정할 만큼 피가 나오지 않았다. 또다시 피 터지는 순간을 마주할까 봐 긴장되는 일주일의 연속이었지만, 정말 다행스럽게 또 한 번 응급실을 가는 일은 없었다. 알 수 없는 몸의 신비와 함께 결과를 기다리며 계속해서 마음의 준비도 해나갔다. 평소에는 잘 보지도 않는 관련 유튜브 영상도 찾아보고, 안 좋은 결과라면 어떻게 해결할지 고민하다 겨우 꿈속으로 들어갔다.

원추절제술을 결정하다

언제나 안 좋은 느낌은 정확하게 들어맞는다. 기대를 잔뜩 하고 크게 실망하는 것보다 어느 정도 뒷걸음질 칠 여유 공간을 마련해둬야지만 넘어지더라도 금방 털어내고 다시 일어날 수 있다. 지난 이 주간 마음속으로 이번에는 결과가 안 좋을 게 분명하니 수술 이야기를 듣더라도 놀라지 말고, 이미 예상한 것처럼 결과를 들으러 가자고 생각하고 있었다. 지난 진료에서 선생님은 오십 프로의 확률로 긍정과 부정의 방향성이 있는 상태라고 말씀하셨지만, 반 이상 차 있는 영양제 통을 보아하니 긍정의 오십보다는 부정의 오십으로 무게추가 기울어지고 있는 것이 분명했다. 작심삼일을 서른 번만 했어도 이렇게 비관적이지 않았을 텐데... 그러지 못한 나는 수술을 할 수밖에 없을 것이라는 확신과도 가까운 생각을 가득 채우고 N차 조직검사 결과를 들으러 갔다.

  아니나 다를까, 조직검사에서 떼어낸 3개의 조직 중 하나에서 CIN 2단계의 세포 병변이 나왔고 2단계부터는 산과 시스템상 원추절제술을 권한다고 하셨다. 원추절제술은 검사와 치료가 합쳐진 과정으로, 자궁경부에 바이러스로 변한 병변을 살짝 도려내면서 바이러스를 제거하는 치료과정과 제거한 부분의 조직을 다시 분석해서 암세포 확인과 침습 정도를 정확하게 상태를 파악하는 검사로 이뤄진 시술이다. 저 멀리 있는 줄 알았던 원추절제술이 아주 가까이 다가와 버렸다. 수술 이야기를 듣게 될 거라 마음을 단단히 먹고 왔지만, 현실을 머릿속 시뮬레이션과 정말 달랐다. 마음을 진정시키기 위해서 숨의 크기부터 아주 깊어지는 가운데 선생님의 설명이 시작되었다.

자궁의 입구에 해당하는 자궁 경부는 약 3cm쯤 된다. 병변의 상태에 따라 잘라내는 길이가 다르지만, 출산을 경험하지 않은 미혼 여성은 협의에 따라 자궁경부를 0.5cm 이하로 도려낸다. 여기서 내가 꿈꾸는 미래가 중요한 화두가 되었다. 왜냐면 자궁경부는 아이를 품었을 때 아이가 아래로 떨어지지 않고 자궁 안에 잘 있도록 하는 역할을 하기 때문이다. 마치 공기가 들어간 부분 풍선에서 바람이 빠지지 않도록 묶인 풍선 입구 같은 존재인데, 원추절제술을 통해 자궁경부가 짧아지면 임신과 출산 시 조금 더 주의 깊은 태도가 필요하다.

미혼여성으로서 앞으로 임신과 출산을 어떻게 생각하는지. 자손 번식과 생산 활동을 하는 자궁의 기능을 사용할 가능성이 있는지에 대한 질문이 오갔다. 내 기준에서 당연한 미래라고 그려왔던 것에 선택지와 가능성이 붙자, 조금 두려운 마음도 들었다. 여성으로서 한 번도 믿어 의심치 않았던 미래에 다른 준비라도 해야 할 것 같은 느낌이었다. 미혼이고, 출산을 계획하는 나의 자궁경부는 최대한 얇게 포를 뜨듯 잘라내는 것으로 결정되었다. 눈으로 보면 구분도 안 될 몇 mm를 가지고 선생님과 승강이를 벌였다.

워낙 민감하고 예민한 부위다 보니 원추절제술을 시행하면서 전신마취를 하는 때도 있지만 내가 가는 병원에서는 부분마취를 진행한다고 하셨다. 아직 전신마취를 경험한 기억은 없어서, 내심 무서웠는데 그래도 겪은 기억이 있는 부분마취라고 하니 마음이 놓였다. 수술이 끝나고 자궁경부에 새살이 다 돋아나는 데는 약 두 달이 걸리고, 두 달 동안은 부분적인 출혈이 종종 있을 수 있다고 하셨다. 두 달간 긴장할 생각을 하니 머리가 아득해졌다. 내 얼굴에 흐려진 정신상태가 드러났는지 선생님께서 조심스럽게 "혹시 조금 더 지켜볼까요?"라고 물어보셨다.

"어... 음... 아니요... 괜찮습니다"

괜찮다라... 사실 나는 조금... 아니, 많이 지쳐있었다. 반복되는 조직검사에서 오는 현타와 플라토닉 러브에서 오는 관계 대한 불안감, 임신과 출산에 관한 두려움이 점점 커졌다. 살점을 뜯어내는 조직검사를 할 때면 나를 구성하는 수많은 모습 중 '아픈예슬'을 만나 왜 이렇게 사는 건지 출구 없는 질문세례를 퍼붓게 되었다. 아픈예슬은 건강하지 못한 모습으로 거울 앞에 서서, 안색도 안 좋고 뭔가 어두운 사람처럼 보여야 제자리를 찾은 것 같았다. 일상을 살아가는 '그냥예슬'을 가식적으로 생각하며 아래로 아래로 끌고 가는 게 아픈예슬이었다.

아픈예슬을 만나는 조직검사가 끝나면 '불안예슬'이 나타났다. 불안예슬은 자궁 건강이 정상범주에 들어가고, 몸속 바이러스가 없어질 때까지 플라토닉 관계를 지속하기로 한 남자친구와의 관계에 불안함을 느꼈다. 플라토닉의 원인을 나로 생각하고, 나 때문에 성관계에 대한 욕구를 참고 견디어야 하는 남자친구의 마음이 괜찮을까 조마조마했다. 솔직하게 물어볼까 싶으면서도 물어보기엔 많은 용기가 필요하고, 그저 믿기엔 눈치 없는 여자친구가 될 것 같은 위태로운 줄다리기가 계속되었다. 불안예슬의 연장선으로 리틀예슬이 없는 미래를 두려워하는 '두려운슬'이 있었다. 언젠간 만날 거라 당연하게 생각해왔던 리틀예슬이가 없는 미래도 나는 괜찮을까? 어느 순간 내 삶의 계획으로 자리 잡고 안정적으로 삶을 지탱해오던 것들이 위태롭게 흔들리는 상태가 계속된다면 긍정예슬은 설 자리가 없을 것 같았다.

아주 잠시, "조금 더 지켜볼까요?"라는 말에 잔잔한 파동이 생긴 것은 사실이다. 하지만 지난해 2월부터 근 일 년 반 동안 N번의 조직검사를 거치고 결과를 듣고 마음을 졸이고 다시 일상을 아무렇지 않게 살아가는 과정이 정말 힘겨웠다. 마지막으로 선생님께서 던진 기대와 가능성을 불안과 근심이 턱-하고 막아섰다.

아프고 불안하고 두려운 예슬은 의사 선생님 앞에서는 '불신예슬'이 되었다. 어쩌다 의사 선생님에게 듣지 못한 말을 인터넷 검색으로 알게 되면 난 왜 이런 안내를 못 받았을까 하면서 불신을 가지고, 의사 선생님들이 어투나 내용이 조금만 거슬려도 그대로 말 한마디에 상처받는 일이 쌓여갔다. 잠시 정상소견이 나왔다가 다시 진행되었다는 이야기를 듣고 좌절하고 찾아간 큰 병원에서 정상소견이 두세 번 연속으로 나와야 완치고, 자궁이성형증이 진행되면 25%는 결국 자궁경부암으로 진행된다는 말을 툭툭 내뱉으셨을 땐 진짜 정신이 피폐해지는 느낌이었다.

처음에는 주변 사람들에게 말하면서 호들갑도 떨고 이야기도 하면서 감정을 툭툭 털어

냈지만, 언제부턴가 원점을 돌고 도는 뫼비우스의 띠 같은 과정에 피로감이 느껴졌다. 이젠 그만. 보이지 않는 오아시스를 찾아 떠돌아다니는 사막의 방랑자 생활은 청산하고 싶었다. 조금 더 지켜볼 여지를 주셨던 선생님께서는 아니라는 대답을 듣자, 진행 상황을 조금 더 지켜볼 수는 있지만 아마도 가을이나 겨울쯤에는 수술하게 될 확률이 높을 거라고 내 선택에 무게를 실어주셨다.

우리 몸은 가끔 청개구리 같기도 하고, 예측할 수 없는 신비한 현상이 일어나기도 한다. 기적처럼 내 면역력이 급상승해서 질유산균이 바이러스를 K.O 시킬 수도 있겠지만, 그대로 2단계에서 3단계로 폭주 기관차가 운행될 수도 있다. 버틸 수 있을 만큼 버텨보느냐, 아니면 깔끔히 수술하고 가을 겨울엔 새롭게 돋아난 깨끗한 자궁경부와 함께 살아가느냐. 그것이 문제인 기로에 서게 되었다. 버티는 것만으로도 스트레스의 연속이라는 생각이 울컥울컥 들었다. 지켜볼 여지가 있다는 말이 희망적이기도 하고 고문스럽기도 했다. 결국, 난 수술을 결정하고 진료실을 나왔다.

　금식과 소요시간, 부작용을 비롯한 추가적인 안내사항을 듣고 마지막으로 내 또래의 미혼 여성들도 이 수술을 많이들 받는지 여쭤보았다. 선생님께서는 얼마 전에도 이십 대 중반 여성이 수술을 받았다고 너무 걱정하지 말라고 하셨다. 열흘 뒤로 수술 날짜를 잡고, 수술에 필요한 피 검사, 흉부 엑스레이 촬영, 심전도 검사와 같은 사전 검사를 받고 집으로 돌아왔다. 속이 시원하고 불안하면서 두렵기도 하고 한숨이 푹푹 나왔다. 이미 날짜를 잡고 결정을 했음에도 '무사히 수술할 수 있을까? 그냥 미룰까…? 말까?' 하는 생각이 계속 머리를 비집고 다녔다. 하지만 부정적인 생각의 꼬리를 싹둑 잘라내고 싶어 하는 '긍정예슬'이 가만히 있을 리가 만무했다. 긍정예슬은 열흘 남은 일정동안 수족관 느낌의 야외 수영장이 있는 호텔도 예약하고, 한강을 전세 낼 수 있는 한강 패들보드도 예약하고, 타이 마사지도 예약하면서 남은 십일을 알차게 보낼 준비를 했다. 노는 것마저 아주 **빡빡하게 딴생각할 겨를**

이 없도록. 긍정예슬을 자신만의 방식으로 분주히 수술을 준비했다.

수술하기 전에

언젠가 〈이상 소견이 있습니다〉를 읽은 독자분이 메일을 보내주신 적이 있다. 여성이라면 너도나도 다 가지고 있는 자궁인데, 나의 자궁에 관해 이야기해 본 적도 남의 자궁에 관한 이야기를 들어본 적도 없다고. 그래서 책에 어떤 이야기가 어디까지 담겼을지 몰라 책장을 넘기는데 마음의 준비가 필요했다고. 게다가 아무런 증상이나 작은 불편도 없이 건강했던 동생분이 조직검사를 하고 갑작스럽게 원추절제술을 받게 되었다고. 마지막엔 이상 소견을 계기 삼아 자궁경험담을 돌아본 나처럼 동생분과 함께 튼튼 골반을 위한 요가를 하며 마음을 단단히 먹어보겠다고 귀여운 후기를 남겨주셨다.

책에 대한 애정을 담아 기나긴 장문의 후기를 보내주신 것에 대한 감사함과 더불어 동생분의 안부를 걱정하는 마음을 담아 답장을 보냈다. 언니분이 남겨주신 후기 속 동생분은 언젠가 내가 겪을지 모르는 그 일을 앞서 겪은 선배처럼 느껴졌다. 그래서 그런가, 이후 자궁이 나에게 신호를 보낼 때마다, 말을 걸 때마다, 한 번씩 들여다보며 또 새로운 나의 자궁경험담을 써 내려갔다. 그러다 보니 어느새 원추절제술이 내 일정이 되어 열흘 앞으로 성큼 다가왔다. 일 년 반 동안 마음 써와도 어렵고 무서운 일을 단기간에 해야 하셨던 동생분이 떠올라 원추절제술을 결정하면서 다시 한번 그 메일을 열어보았다. 지속해서 병원을 방문하고 검사를 받으며 자궁과 친해지고, 들여다볼 시간을 가졌던 나와 달리 그분의 동생분에게 원추절제술은 매우 갑작스러운 사건이었을 것이다. 같은 수술을 겪어 갈 사람으로 동생분의 안부가 궁금했다. 지금은 더 건강하게 잘 지내고 계시겠지?

수술하기 전, 나는 작은 동네병원부터 상급병원까지 여러 병원을 방문했다. 그곳에서 여러 의사 선생님을 만났다. 1차 동네병원에서 처음 검진 후 이상 소견이 정상소견으로 나왔을 때는 거의 완치인 마냥 이제 6개월에 한 번씩 정기검진만 하자고 하셨다. 하지만 3차 병원에서는 정상소견이 두 번 이상 나와야 완치고, 자궁이성형증 1단계의 25%는 자궁경부암이 된다고 말씀하셨었다. 또 다른 3차 병원에서는 당장 수술을 해도 이상하지 않다던 내 몸 상태를, 지켜볼 여지가 있다고도 하셨다. 상황에 대한 시각과 판단이 누굴 만나느냐에 따라 달라지는 만큼, 병원을 오갈 때마다 혼란스러움을 느꼈다. 하지만 어떤 이야기가 오가던지 내 선택이 제일 중요했다.

다행스럽게 최종적으로 내 수술을 맡아주시는 선생님은 내가 스스로 상황을 직접 선택해 갈 수 있도록 적절한 설명과 나의 징징거림에도 적당한 공감과 위로를 해주셨다. 의사에 대한 신뢰도는 스스로와의 싸움이랑 비슷한 것 같다는 생각이 든다. 진료 끝나고 나오는 길에 인터넷 검색하다가 듣지 못한 이야기를 발견하면, 왜 이런 부분은 내가 안내받지 못했지? 이런 치료와 절차도 있는데 내가 병원을 잘못 찾아서, 혹은 선생님을 잘 못 만나서 혜택을 받고 있지 못하나? 하는 생각을 하기도 했었다. 단적으로 자궁이형성증의 치료에는 원추절제술과 냉동치료[11]도 있는데, 사실 인터넷

---

11 냉동요법은 동결을 통해 비정상적인 자궁 경부 조직을 파괴하는 것이다. 절차는 몇 분 밖에 걸리지 않으며 국소 마취를 사용하여 수행된다.

말고 실제로 진료받은 선생님들께 냉동치료에 관해 안내받은 적이 없었다. 결국엔 내가 단단하게 중심을 잡고 내 몸의 주인이 되어야 한다. 그러다 보니 어느새 나는 진료를 위해 지하철과 버스를 두 시간씩 타고 떠나는 여정도 즐기고, 병과 친해지기 위해 읽는 관련 도서가 재밌는 지경에 이르렀다.

수술을 결정하고 약 2주간 자유 시간이 있었다. 나에게 미리 약을 발라준다는 심정으로 급하게 여름휴가 일정을 잔뜩 잡았다. 수술하게 되면 자궁경부가 아무는 시간이 최소 4주에서 8주 정도 걸린다. 약 두 달간은 물놀이가 어렵다는 말에 오래간만에 예쁜 수영복도 사고, 수족관 스타일의 트렌디한 야외수영장과 깔끔한 실내수영장이 있는 호텔을 예약해 실내외를 두루두루 다니면서 실컷 수영을 즐겼다. 게다가 인생 처음으로 한강 패들보드도 타면서 수상 스포츠까지 섭렵했다. 과음을 앞두고 숙취해소제를 먼저 먹는 사람처럼 수술을 앞두고 열심히 즐기고 놀았다. 드문드문 수술에 대한 걱정이 올라오긴 했지만 아무 생각 없이 그저 지금만 살아보자고 꾹꾹 눌러 다짐했다.

  수술 전에는 몸 상태가 좋아야 회복도 빠를 것 같아서 인스턴트 식품 섭취를 현저히 줄였다. 단순히 컵라면을 안 먹는 것뿐만 아니라 제대로 된 건강식을 먹어야 할 거 같아서 수업을 가는 센터 근처 포케집 정기권까지 끊었다. 그렇게 좋아하던 맥주마저 신맛 나는 무-알콜로 바꾸면서 이것이 식단관리다 싶은 관리를 저대로 하려고 노력했다. 내겐 하나에 제대로 꽂히면 그것만 파고드는 집요한 성질이 있다. 가끔 쓸데없는 곳에서 발동되면 피곤하지만, 다행히 이번에는 생선과 채소가 가득한 포케 샐러드에서 발동해 질리지도 않고 한동안 하루에 한 끼는 포케를 먹을 수 있었다. 나 덕분에 포케를 처음 먹어본다! 포케가 궁금하다, 지인들이 생겨날 정도로 집요하게 식단관리를 했다. 날이 점점 더워져서 열대야 현상에 수면관리를 제대로 못 한 부분만 빼면, 근래에 가장 전투적으로 즐기는 날들을 보냈다. 아주 단기간 열심히 살아가는 나를 보며 꾸준함보다

벼락치기에 일가견이 있는 내 삶이 웃프게 느껴졌다.

아니 이렇게만 살면 얼마나 좋겠니, 예슬아!!!

수술을 준비하면서 가장 크게 고민했던 한 가지는 이 수술을 주변 지인들에게 어떻게 알릴 것인가였다. 지금까지 경험을 돌아보면 내 이야기를 툭 털어놨을 때 여성 질환에 관심이 없는 누군가들의 얼굴에는 당황한 기색이 가감 없이 드러났다. 이 이야기를 왜 나한테 하는가, 표정부터 어떻게 반응해야 좋을지 고민하는 모습을 수없이 만났다. 그래도 나는 숨기고 싶지 않았다. 골치 아픈 문제를 수면 위로 올려 대놓고 맞서면서 해결하는 나의 해결하는 게 내 방식이다. 감기나 복통, 두통처럼 말하면 안 되나? 내 몸의 일부를 민망해하는 내 마음부터 글로 박제해버리자. 언제부턴가 내 몸에 뿌리를 내린 인유두종바이러스와 서른이 넘어가며 자연스럽게 찾아온 노화(!)를 그냥 자연스럽게 받아들이고 마음 편하게 치료

하자. 굳이 숨길 필요 없이, 자연스럽게 내 일상 속에서 수술에 대해 언급했다. 수술을 앞두고 열심히 놀았던 이야기를 SNS에 올릴 때도 서두부터 수술을 앞두고 떠난 휴가라는 문구를 서슴지 않고 써넣었다.

'최근에 자궁경부이성형증이 더 진행돼서 수술을 하기로 결정한 김에 아주 시이이이이이이일커어어엇 놀기로 했다.'

처음이라 두려웠던

연극 버자이너 모놀로그[12]는 여성의 생식기를 지칭하는 단어를 내뱉으며 시작한다. 그 단어는 배우의 입에서 관객의 입으로 오가며 사회적으로 느끼는 민망한 감각을 점점 깨부순다. 나 또한, 수술을 앞두고 '원추절제술'이라는 명칭을 수없이 내뱉었다. 손가락으로 자판을 누르며 글로도 써보고, 그냥 수술이 아닌 '원추절제술'이라고 또박또박 말했다. 낯선 명칭에 호기심을 보이는 누군가가 자세하게 물어보면 다시 머릿속을 확인하며 자궁경부를 원추 모양으로 포 뜨듯이 잘라내서 병변을 제거하는 수술이자 치료와 검사법이라고 설명했다. 그렇게 수술과 친해지는 시간을 가졌다.

수술 당일도 지난밤부터 오전 내내 이어지는 금식 안에서 요가수업을 하고 병원으로 향했다. 수업을 빼고 대강을 구해놓고 갈까 수도 없이 고민했지만, 일상생활이 바로 가능한 가벼운 수술이라는 안내사항을 믿고 최대한 내

---

[12] '버자이너 모놀로그(The Vagina Monologues)'는 억눌린 여성의 성(性)을 다양한 시점에서 표현한 연극작품으로, 여성의 성기를 가리키는 단어 '버자이너(Vagina)'를 파격적으로 사용해 화제가 되기도 했다. 이 작품은 극작가이자 시인이며 사회운동가로 알려진 이브 엔슬러(Eve Ensler)가 직접 2000여 명의 여성들을 상대로 인터뷰한 것을 배경으로 하여 만들었다.

일상을 지켜보고 싶었다. 보통 날 같은 생활의 리듬을 최대한 유지하기 위해 노력하며 병원으로 향했다.

외래 당일 시술실에서 환자복으로 갈아입은 후 항생제 알레르기 반응 테스트를 했고 수술 동의서를 확인했다. 산과 질문에는 결혼 여부와 출산과 임신 가능성 여부에 관한 질문이 어김없이 등장했는데, 그럴 때면 내가 이 수술을 해도 되는지, 수술 후에 후회할 일이 생기면 어떡하지 하는 생각이 끊임없이 흘러들어왔다. 그 생각에서 빠져나오지 못해 수술 시작과 후에도 의사 선생님께 "제가 병변 진행이 빠른 편인가요?" "지금 수술을 하는 게 적절한 시기였을까요?"와 같은 질문을 계속했다. 선생님께서는 자궁경부이성형증 1기를 진단받은 지 1년 반이 다 되어가고, 어느새 2기로 진행되는 과정에 있으니 수술을 하는 적절한 시기에 속한다고 내 마음을 안심시켜주셨다.

한 시간가량 대기 시간이 지나고 오자마자 맞기 시작한 항생제와 링거가 어느 정도 내 몸속으로 들어왔을 때쯤 휠체어를 타고 수술실로 이동했다. 지하에서 엘리베이터를 타고 4층으로 올라가는 길에 하얀 천에 전신이 감싸져 있는 시신 한 구를 마주했다. 이름이 뭔지, 하얀 천 속에서는 어떤 얼굴을 하고 있는지, 남자인지 여자인지도 알 수 없는 고인이었지만, 수술을 앞두고 마주해 긴장되는 마음을 이래저래 추스르기가 조금 어려웠다. 혹시나 내가 알고 있는 것보다 수술이 어려워지거나, 예상치 못한 의료사고가 생기면 어쩌나 하는 심리적인 두려움이 점점 커졌다.

환자복을 반쯤 잡은 채로 주먹을 꼭 쥐고 수술실에 들어갔다. 선생님은 따뜻한 미소로 나를 맞이해주셨다. 원추절제술은 약 2~3cm 정도 되는 자궁경부에서 약 7mm 정도 되는 조직을 잘라내는 게 교과서에 나온 수술법이지만, 나는 미혼에 아직 병변이 깊지 않아서 얇게 포 뜨듯 적절하게 조절하신다고 하셨다. 적절한 조절을 생각하니 의사는 똑똑한 머리만큼 섬세한 손기술도 매우 중요한 직업이란 생각에 가늘고 고운 의사 선생님의 손가락에 시선이 머물렀다. 마지막으로 선생님의 따뜻한 미소와 고운 손가락을 한 번 더 보고 산과 진료 의자에 앉아 뒤로 기대 누웠다.

국소마취주사가 들어오니 뻐근함이 하복부로 퍼졌고 잠시 심장박동이 빨라졌다. 간호사 선생님께서 손을 잡고 함께 호흡을 나눠주셨다. 그리고 진공청소기 같은 소리와 함께 수술이 시작되었다. 수술 시간은 약 십오 분으로 노래 서너 곡이면 끝날 시간이었다. 예전에 라식수술을 할 때, 원하는 노래를 틀어주는 서비스를 경험한 적이 있었다. 이번에도 가능할까 싶어 수술하면서 들으면 괜찮을 것 같은 노래도 몇 곡 준비해갔다. 하지만 웬걸, 원추절제술은 전기가 사용되는 소작술을 사용하기 때문에 전자기기 반입이 금지였다. 혹시나 하는 마음으로 간호사 선생님, 인턴 선생님, 전문의 선생님까지 세 분에게 다 확인했으나 같은 대답만 돌아왔다. 전기를 사용하는 제품뿐만 아니라, 머리끈에 사용하는 금속 마감재, 쇠붙이가 있는 액세서리까지 모두 다 반입 금지였다. 긴장할 때면 습관적으로 만지작거리는 쇄골

언저리의 목걸이와 기댈 수 있는 노래마저 금지당한 내가 유일하게 의지할 수 있는 것은 수술실 관찰하기였다.

눈으로 경험하는 이 모든 것을 언젠가는 글이든 연극이든 써먹자는 생각으로 자세하게 구경했다. 잘린 조직들이 들어가는 핑크빛 용액이 들어있는 작은 약품 통은 어디로 갈까? 청소기 같이 우렁찬 소음을 내는 전기 소작 기계는 또 어떤 수술에서 쓰일까? 평화의 상징 초록색 의료천이 다른 색이라면? 이런저런 생각의 나래와 함께 반쯤 넋 놓으며 머무르다 보니 선생님께서 수술을 마무리한다고 하셨다. 조직검사와 달리 지혈을 위한 거즈 같은 것을 질 입구에 넣지 않고, 레이저로 잘라낸 절단면을 지지면서 수술이 끝났다. 지혈 거즈의 존재가 없어서 그런지 수술 전후 몸으로 전해지는 이물감이나 차이가 거의 없었다. 다만, 항생제 때문에 약간의 어지러움과 두통이 있었고 일어서자 아랫배가 약간 뻐근했다. 수술의 후유증으로 배뇨증상을 원활하게 느끼지 못하는 경우가 종종 있다고 했다. 그래서 한 시간

정도 남은 항생제를 맞으면서 물을 열심히 먹다가 최종적으로 소변을 본 뒤 퇴원할 수 있었다.

수술이 끝나고, 대기하던 외래 당일 시술실로 와 침대에 털썩 대자로 누우니 저절로 눈이 감겼다. 몸에 알콜이 가득 들어온 것마냥 느슨하고 알딸딸한 기분이 올라왔다. 아마 수술을 앞두고 긴장한 몸이 다시 제 리듬을 찾아가는 것일 테지. 더불어 독한 항생제가 뿜어내는 약 기운도 있을 거고. 쓰라린 알콜이 내장에 들어오는 것처럼 인생의 참맛을 맛보는 느낌이었다. 내가 획득한 경험치만큼 더 단단하고 튼튼한 사람이 되면 좋겠다.

원추절제술이 끝났다.

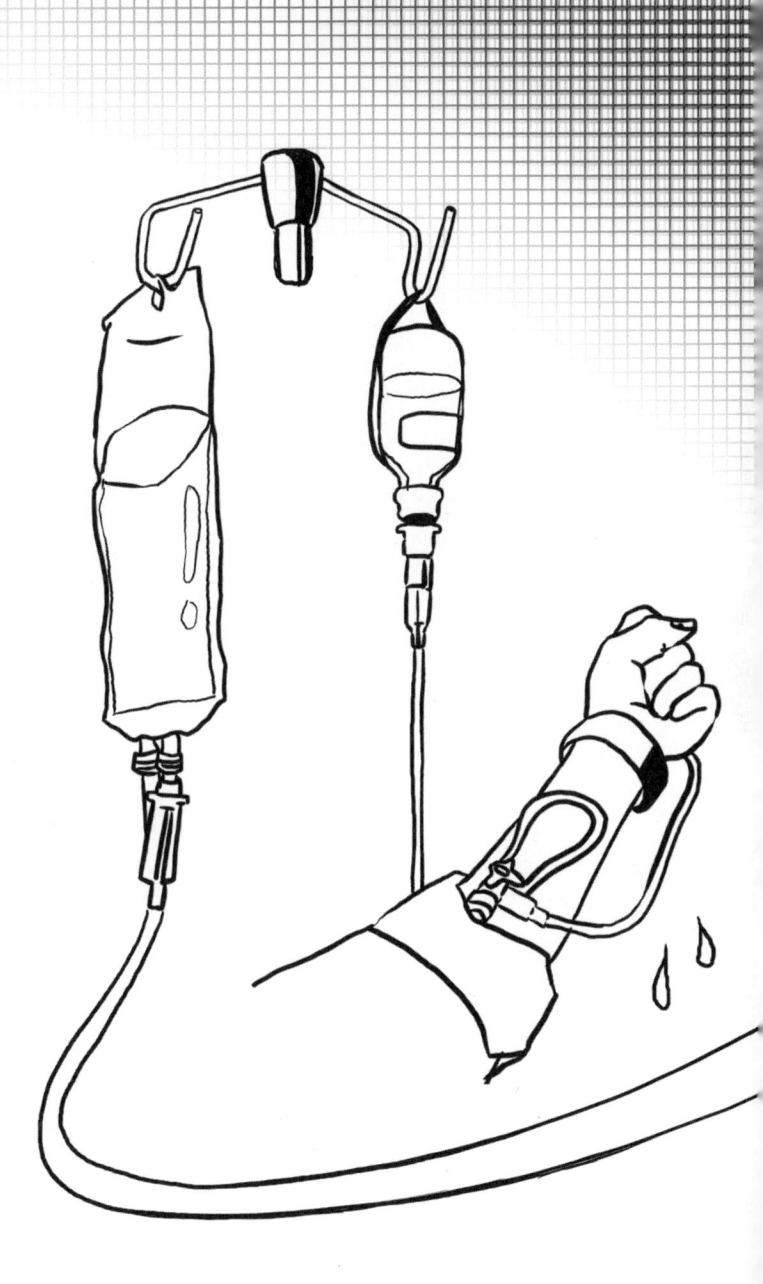

수술결과

지난 일 년 반 동안, 병원을 몇 번이나 방문하고 여러 검사를 받았지만 단 한 번도 엄마와 함께 병원에 간 적은 없었다. 엄마는 울산에 나는 서울에서 따로 살고 있기도 했었고, 엄마도 직장생활을 하시기에 굳이 수고스러운 일을 만들 필요가 없다고 생각했다. 하지만 수술이라는 단어가 주는 어감이 꽤나 서늘했는지, 수술 후 첫 외래진료를 보는 날에 엄마가 서울로 올라오셨다. 엄마는 세상에서 병원 가는 걸 제일 싫어한다. 그럼에도 먼 길을 떠나오신 걸 보니 전화기 너머로 내 목소리가 얼마나 긴장되어 있었나 싶었다.

드라마 '슬기로운 의사생활'을 보며 혼자 꾸역꾸역 가던 길목을 엄마와 도란도란 이야기를 나누며 가니 기분이 묘했다. 미성년자 딱지를 떼고 보호자 없이 스스로 책임지며 산지도 어느덧 10년이 넘어가는데, 여전히 내 보호자는 엄마였다. 엄마와 함께 들어선 병원에는 언뜻 봐도 나와 상황이 반대인 사람들(부모님의 보호자로 온 자식들)도 많이 보였다. 서른이나 된 자식이 엄마를 보호자로 병원에 온 그림이 조금 죄송스럽기도 했으나 난 아직도 엄마 품이 좋은 삼십 대였다.

"조직검사 결과에서는 최종적으로 2단계가 진단되었습니다. 절단면은 깨끗한 상태로 나왔어요. 이제 환자분 몸에는 이성형세포가 남아 있지 않아요"

"후... 감사합니다"

어느 정도 예상했지만 직접 선생님 목소리로 듣는 결과는 정말 달랐다. 몸속 아주 깊은 곳에서 기다렸다는 듯이 안도의 한숨을 내보냈다. 마지막까지 절단면 길이를 가지고 승강이를 벌였건만, 아주 얇게 잘라낸다는 선생님의 손기술에 내 몸에 모든 바이러스 병변이 다 떨어져 나갔다니. 게다가 절단면까지 깨끗하다니. 브라보. 가끔 절단면에서도 병변이 발견되는 예시가 있는데, 그런 경우에는 절단면을 지혈하기 위해 사용되는 소작술로 세포가 죽기도 하지만 그렇지 못하면 전이될 가능성이 생긴다. 특히나 미혼에 출산경험이 없는 나 같은 사례는 적절한 조절로 얇게 잘라낸다고 하셨기에 절단면에 남아있을 가능성도 염두 해 놓고 있었던 터라 정말 다행이었다.

 결과가 좋아서 그런지 진료는 오 분 만에 끝났다. 병원을 오는 길은 한 시간이나 걸리고, 수술 직후부터 결과를 듣기까지 마음을 쓴 시간은 일주일가량 되었지만, 검사결과를 듣고 절단면이 잘 아물고 있는지 확인하는 시간은 순식간이었다. 그러자 청개구리 같은 마음 한 구석에서는 이왕 진행될 거라면 일상을 지키며 조금 더 기다렸다가 3단계 초기에 해도 되지 않을까 하는 생각도 들었다. 역시 인간은 모순적이다. 적절한 시기가 언제일까 고민했고, 이 부분에 대해 얼마나 많이 검색하고 선생님을 쪼았는지 모른다. 게다가 결과가 긍정적임에도, 나는 아직도 확신할 수 없는 결정과 선택하지 않은 결과를 종종 생각한다.

 병원에서 돌아오는 길, 절단면에서 바이러스가 검출되지 않았고 결과가 긍정적이라는 소식을 걱정했던 사람들에게 전달했다. 가족과 친구들은 자기 일처럼 혹은 그보다 더 큰 행복을 표현해주었다. 또한, 나만큼이나 마음 졸이며 내 건강상태를 살폈던 남자친구는 온갖 이모티콘을 동원해 매우 기쁘다는 감정을 격하게 전해주었다. 이 모든 과정이 생소하고 낯설고 매우 어려웠다. 그래서 어떤 편견 없이 옆자리를 지켜주는 사람들이 있다는 것은 너무나도 큰 힘이다. 그러니 내가 이렇게 비틀비틀 아찔한 경험 속에서도 정신을 똑바로 차리고 한 걸음 한 걸음 정자로 걷고 있지 않을까 한다.

그리고 한 달 뒤

가장 더운 시기에 진행했던 수술이 끝난 지 한 달이 지났다. 달력 속 날짜는 가을 초입에 들어갔지만, 여전히 계절은 여름에 머물러있었다. 다행스럽게 이 시기 동안 예상했던 만큼 지혈문제가 위태롭게 발생하지는 않았다. N 차 조직검사에서 응급실을 갔던 경험이 있어 정말 걱정을 많이 하고 몸을 사렸지만, 다 내가 해결할 수 있는 선에서 출혈이 일어나고 멎기를 반복했다. 수술 후 열흘 차에는 생리가 시작되었는데. 그러다 보니 지혈이 안 되는 건지, 생리가 나오는 건지 헷갈렸다. 생리처럼 군데군데 덩어리나 진득한 피가 나올 때도 있었고, 하혈처럼 쥬륵 맑은 피가 흐를 때도 있었다. 또, 절단면에 상처가 아물다가 딱지가 떨어진 것처럼 덩어리진 피가 퐁당 떨어지기도 했다. 정체가 뭔지 몰라 혼란스럽기는 했지만, 이렇게 술수를 쓰는 자궁 덕분에 괜히 걱정될 때면 생리를 핑계 대며 마음을 털었다.

 수술 직후부터 항생제와 소염제 등등 먹어야 하는 약이 많았다. 영양제를 먹을 때 노란 오줌을 보냈던 내 몸은 항생제와 소염제 테러가 시작되자 하루에도 화장실을 다섯 번씩 화장실에 들렀다. 좋게 말하면 아주 장-편한 생활이 시작되었다. 약의 도움(!)을 받아 그때그때 속을 비워내서 그런가, 몸이 가벼웠다. 알콜 생활을 청산하고 술 약속을 안 잡았고, 열한 시에 잠들지는 않았지만 열한 시부터 침대에 머물렀다. 수업도 무리 없이 다 했고, 수술 전 의사 선생님의 말씀처럼 생각보다 평범하게 일상생활을 할 수 있었다. 사람마다 쉼의 기준이 달라 부모님을 뵈러 울산도 갔다 오고, 꾸준히 공연 준비를 하는 날 보며 누군가는 걱정하는 마음을 보태기도 했지만, 생각보다 괜찮은 날들이었다.

절단면 소독과 상태체크를 위해 오랜만에 병원을 방문했다. 3주 전에 이미 긍정적인 결과를 들었기에 정말 간만에 마음속 부담을 내려놓고 산책가듯 병원을 방문했다. 진찰 결과 상처는 잘 아물고 있었다. 출혈 여부를 물어보시는 선생님께 덩어리진 피가 나올 때도 있었지만, 다행인지 불행인지 생리 기간과 겹쳐서 큰 걱정 없이 응급실 안 가고 지혈이 되었다고 말씀드렸다. 선생님께서는 상처가 잘 아물고 있다며, 올해 말로 예정되어 있던 추적검사를 내년 초로 옮기자고 하셨다. 병원은 긴 텀을 가지고 오면 좋은 거니까 그동안 몸 관리 잘하다가 오라고 다소 긴 시간을 선물해주셨다.

 사람은 나이가 들수록 어린 시절 당연한 듯 오갔던 학교처럼, 병원을 자주 가게 된다고 한다. 의사 선생님이 담임선생님처럼 느껴질 만큼 병원이 삶에 쏙 들어온다고. 여태껏 병원 가는 날이 일 년에 손에 꼽을 만큼이었던 내게 이 모든 과정은 생소하고 낯설고 매우 어려웠다. 처음엔 산부인과 유리문이 얼마나 무겁게만 느껴졌는지 모른다. 이상 소견이 있다는 말에 얼떨결 그 무거운 문을 밀고 들어가 결국엔 수술이 끝나는 과정까지 다 겪어버렸다. 두려웠던 시간 속에 큰 산을 넘겼다. 처음에는 어리다는 이유로, 잘 모른다는 이유로, 어렵다는 이유로, 부끄럽다는 이유로 한걸음 나아 가는 게 어려웠다. 하지만 겪고 보니 이것 또한 내가 겪었던 수많은 경험 중 하나에 해당하는 어려움과 시련일뿐. 웃으며 말할 수 있는 에피소

드가 되어갔다. 세상이 무너진 것처럼 심각한 일인 줄 알았는데, 나는 지금도 햇살이 잘 드는 카페에 앉아 노트북에 자판을 올리고 옆에는 커피와 케이크가 있는 일상을 살고 있다. 지극히 평범한 일상 속 조금 빠알-간 이벤트였을 뿐이다.

난 하나에 푹 빠지면 그걸 열정적으로 몰아치는 건 잘하지만, 뭔가를 천천히 꾸준히 하는 건 참 어려워한다. 그래서 지난 일 년 반 동안 '정상 → CIN 1단계 → 정상 → CIN 1단계 → CIN 2단계 → 제거'라는 반복적인 상황을 겪으며 오르락내리락하기를 몇 번씩 하다 보니 어느 순간 내 몸을 살짝 내려놓고 싶은 생각도 있었다. 그리고 한동안은 밤마다 맥주를 달고 다니며 미래의 예슬에게 모든 걸 떠넘겼다. 또 언젠가 누군가 "너는 요가도 하고 긍정적인 편인데 왜 그런 질환을 겪어?"라는 말을 무심코 했을 때는, 할 말이 없어 숨이 턱 막히기도 했다. 그렇지만 누군가 내 몸을 대신 살아줄 것도 아니지. 결국엔 다 내 몫이다.

언젠간 결혼을 하고 싶어 하지만, 아직은 미혼이고 미래에 임신과 출산경험을 염두 해놓고 있는 나에게 이 경험은 인생을 살면서 지속해서 두고두고 풀어나가야 할 과제다. 언젠가 임신을 하고 산달이 막달에 다가오면 남들보다 짧아진 자궁경부 때문에 일어날 비상 상황에도 대비해야 하고, 호되게 겪은 일이 있으니 내 감각은 누구보다 인유두종바이러스라는 단어에도 예민하게 반응할 것이다. 또 내가 만났던 어떤 의사 선생님의 말씀처럼, 자궁이성형증 1기 중 운이 없는 25%에 해당하여 10년, 15년 뒤에 자궁경부암을 겪고 있는 미래의 나를 만날 수도 있다.

 하지만 그때마다 또 눈이 시뻘게질 만큼 울고 목이 쉴 만큼 웃으며 그 상황을 다 겪어내길 바란다. 모든 일이 끝난 뒤, 오늘처럼 카페에 앉아 찐득하고 꾸덕한 치즈케이크와 아메리카노를 마시며 털어내지 못한 마음을 톡톡 정리하는 시간을 갖길 바란다.

맥주를 마시며

"쓰읍캬앗핥핥! 꿀꺽~!"

   기억을 대충 어림잡아 약 두 달 만에 알콜이 들어간 맥주를 마셨다. 조금 더 정확하게 기억하고 싶은 마음에 달력을 훑어보니 두 달하고 육 일 만에 알콜이 들어간 맥주를 마셨다. 드문드문 무알콜이라는 이름이 담긴 알콜이 약 1%이하라고 명시된 맥주를 마시긴 했지만, 무알콜 맥주는 제대로 된 맥주는 아니었다. 목구멍 너머로 들어오는 탄산의 흐름과 혀에 닿는 쎄큼한 맛이 알콜이 들어간 쌉싸름한 맥주와는 확실히 달랐다.

   알콜 맥주를 중단한 건 건강 때문이었다. 지난해부터 자궁 건강에 빨간불이 들어왔다. 국가검진으로 이년에 한 번씩 진행하는 자궁경부암 검사에서 이상 소견이 나왔고, 자궁이성형증 1단계를 진단받았다. 당시 선생님께서는 가벼운 미소를 지으며, 젊은 여성에게 종종 있는 질환이고 독감에 걸렸다가 툴툴 털어내는 것처럼 면역관리를 하면 금방 괜찮아진다고 하셨다. 그 말처럼 나는 삼 개월 뒤에 진행한 추적검사에서는 정상소견을 받았다.

 하지만 육 개월 뒤, 몸 상태가 급격하게 안 좋아졌다. 얼핏 자궁은 조용한 장기라고 들은 것 같았는데, 내 자궁은 그렇지 않았다. 만성적인 방광염이 생겼고, 생리 기간이 아님에도 출혈이 일어나는 날이 종종 생겼다. 어떤 날은 골반 안쪽이 저리기도 했고 아랫배가 가스가 가득 찬 듯 부어있는 날도 있었다. 다시 찾은 병원에서 나는 이상 소견을 다시 진단받았다. 문자만 봤을 때는 '정'에서 '이'로 한 글자만 바뀌었지만, 일상이 달라졌다.

 얼마 뒤, 초기에 진단받았던 자궁이성형증 1단계가 2단계로 진행되고 있다는 검사결과를 받았다. 의료 단계상 2단계부터는 원추절제술을 권한다. 나는 면역관리를 하면 괜찮아지는 종종 있는 질환에서 수술을 염두 해야 하는 상황에 놓였다. 똑같이 신체 일부를 살짝 도려내는 수술이지만, 각막을 도려내서 시력을 높여주는 라식수술과 자궁경부를 도려내는 원추절제술은 느낌이 달랐다. 수술의 무게와 부담감,

이후에 임신과 출산의 여부까지 떠올려야 하는 것이 많았다. 아직 결혼도 안 한 내가 자궁경부에 칼을 대는 수술을 해야 한다니 이것 참 결혼으로 마무리 짓지 못한 지난 인연의 얼굴들이 하나씩 떠오르며 답답한 한숨이 연달아 터져 나왔다.

맥주가 너무 마시고싶었다. 하지만 2단계를 진단받고 나선 전처럼 자연스럽게 알콜맥주에 손을 댈 수가 없었다. 맥주는 자궁 속의 혈액이 응고되는 것을 막는 성질이 있어서 부정출혈이나, 조직검사 후 지혈이 필요한 상황에서는 무조건 피해야 했다. 맥주가 마시고 싶지만 마실 수 없는 상황에서 유일한 대안은 무알콜맥주였다. 쎄콤 시름한 맛의 향연 중에서 그나마 가장 알콜 맥주와 비슷한 제품을 찾아 마시며 마음을 달랬다. 그리고 수술을 포함해 두 달을 넘게 무알콜러로 살았다. 자기 전 마시는 맥주 한 잔, 친구들과 오랜만에 만나면 분위기가 부르는 맥주 한 캔, 한 주를 마무리하며 들이켰던 수많은 목 넘김의 감각을 꾹 잊고, 잘 참았다.

수술이 끝난 지 두어 달이 지난 오늘 드디어 첫 맥주를 마셨다. 시원한 가을 냄새가 바람을 타고 들어오는 여름의 끝자락, 하얀 크림이 유리잔 위까지 가득 채워진 맥주 한 잔을 손에 쥐었다. 목구멍을 따라 들어오는 탄산의 따가움도 입안을 맴도는 쌉싸름한 맛도 언제 잊고 있었느냐는 듯이 다시 내 안으로 들어왔다. 꿀꺽 넘어가는 그 한순간, 행복이란 단어를 꺼내고 싶었다. 나는 정말 행복했다.

수많은 생각 거리를 한 모금으로 삼켜버렸던 맥주. 아쉽게도 앞으로는 예전처럼 자주 맥주를 마시진 못할 것이다. 이번 생에서 내가 뒤돌아 보지 않고 맥주를 마실 수 있는 날들은 이미 지나갔다. 앞으로는 아주 가끔 '행복'이라는 감각과 함께 맥주를 마실 수 있지 않을까 한다. 심심한 위로이자 소소한 즐거움이었던 맥주가 이젠 큰 이벤트가 돼버린 나의 삶이다. 하지만 아쉬움보다는 행복으로 채우며 소란스런 자궁과 함께 건강하게 잘 지내고 싶다.

자궁 경험담 일대기

2020년 2월 말	국가 검진 자궁경무암 검사 (자궁 세포진 검사) → 이상소견
2020년 3월 중순	HPV 바이러스 검사 (52번, 59번 검출)
2020년 4월 초	조직검사 (CIN 1단계 진단)
2020년 7월	1차 추적검사 재검 (자궁 세포진 검사) → 정상소견
2021년 1월 중순	2차 추적검사 재검 (자궁 세포진 검사) → 이상소견
2021년 1월 말	HPV 바이러스 검사 (52번 검출)
2021년 2월 초	조직검사 (CIN 1단계, 부분적으로 2단계 진행 중으로 진단)
2021년 3월	방광염 및 질출혈 진행 → 상급 병원 외래 진료 후 조직검사 (한달 전과 결과 동일)
2021년 3월 말	조직검사 일주일 후 하혈 → 응급실 행 (지혈)
2021년 4월	상급 병원 변경, 자궁 확대경 검사 및 초음파 (용종, 근종 확인)
2021년 7월	3차 추적검사 재검 (조직검사) → 부분 적으로 CIN 2단계 진행 확인 (진행 중 단계에서 진행으로 진단)
2021년 7월 말	원추절제술 시행
2021년 8월 초	검사 결과 CIN2단계. 절단면에 검출된 바이러스 없음
2021년 8월 중순	소독 및 다음 추적검사 일정 예약

이상소견이 있습니다.
예슬, 2021

예슬

1990년 제주 출생
유년시절부터 대학까지 부모님과 함께 울산에서 살다가 육 년 전 연극을 하기 위해 독립과 함께 상경했다. 2019년 스토리지북앤필름 워크숍을 통해 독립출판의 길로 들어섰다.

<서른에 머리박치기 하는 자세>, <너에게는 행복을 기억하는 근육이 있단 사실을 잊지말고>, <쓰리스테이션> 시리즈, <너에게주당>시리즈, 낫저스트인스턴트북 01<감동의 순간들>, <볼테라피 사용설명서>를 쓰고 그렸다.

초판 1쇄 2020년 10월 20일
초판 2쇄 2021년 10월 30일

글쓴이 예슬
그린이 예슬

초판 1쇄 교정교열 도움 낫저스트북스
초판 2쇄 도움 김지안 / 김재원

yeseulls@naver.com
instagram@yeseul_ls

이 책의 내용은 저자의 동의없이 사용할 수 없습니다.

당신이 간직하고 싶은
　　　몸의 기억은 무엇인가요?